CODING EDUCATION SCRATCH

스마트한 코딩교육
스크래치

박일선 · 임동균 지음

한티미디어

저자 소개

박일선 isparkbobae@gmail.com
한양사이버대학교 컴퓨터공학과 교수

임동균 eiger07@hycu.ac.kr
한양사이버대학교 컴퓨터공학과 교수

예제 및 스프라이트 이미지 다운로드
교재에 수록된 연습문제와 예제의 소스 파일은
한티미디어 홈페이지 자료실에서 다운받을 수 있습니다.
http://www.hanteemedia.co.kr

스마트한 코딩교육 스크래치

발행일 2023년 3월 15일 초판 1쇄
지은이 박일선, 임동균
펴낸이 김준호
펴낸곳 한티미디어 | **주소** 서울시 마포구 동교로 23길 67 Y빌딩 3층
등 록 제15-571호 2006년 5월 15일
전 화 02)332-7993~4 | **팩스** 02)332-7995
ISBN 978-89-6421-458-9
가 격 32,000원

마케팅 노호근 박재인 최상욱 김원국 김택성
편 집 김은수 유채원
관 리 김지영 문지희
디자인 **내지** 디자인드림 | **표지** 유채원

이 책에 대한 의견이나 잘못된 내용에 대한 수정 정보는 한티미디어 홈페이지나 이메일로 알려주십시오.
독자님의 의견을 충분히 반영하도록 늘 노력하겠습니다.
홈페이지 www.hanteemedia.co.kr | 이메일 hantee@hanteemedia.co.kr

머리말

최근 인공지능과 로봇, 사물인터넷, 빅데이터 등을 통한 새로운 융합과 혁신이 빠르게 진행되고 있다.

이제는 휴대폰과 컴퓨터로 영화를 보고 인터넷으로 쇼핑하고 무인 자동차가 나오는 등 컴퓨터와 스마트폰은 우리들의 일상이 되었다.

우리 주변에 있는 대부분의 가전제품, 기계제품에 코딩이 활용되고 있는 디지털 시대인 현재를 준비하고 인공 지능 시대로 가고 있는 다가올 미래에 대비하기 위해서 코딩에 대한 이해는 더욱 절실해졌다.

새로운 미래에 적응하기 위해서는 디지털 마인드를 갖고 디지털 지식을 습득해야 한다. 이것이 남녀노소를 가리지 않고 코딩을 시작하는 이유이다.

스크래치는 유아부터 청소년 그리고 성인에 이르기까지 디지털적 마인드를 훈련하고 습득할 수 있는 최적의 컴퓨터 프로그램이다. 프로그래밍 언어를 잘 몰라도 블록을 단순히 결합하는 것만으로도 자신만의 알고리즘을 프로그래밍해서 결과를 실현시켜 디지털 논리를 이해할 수 있을 뿐 아니라 자신이 코딩한 결과를 바로 바로 확인이 가능해 흥미를 유발하여 꾸준히 프로그램을 익힐 수 있는 동기부여가 된다.

또한 스크래치 프로그램이 무료로 전 세계인들에게 배포가 되어 쉽게 프로그램을 접할 수 있고 전 세계인들과 프로그램에 대해 함께 토론하고 프로그램 결과를 공유할 수 있어 스크래치 프로그램이야 말로 글로벌 시대에 적합한 창의적 컴퓨팅 학습이라 할 수 있다.

2023년 2월

저자

| 차례 |

CHAPTER | **01**
스크래치 기본 개념 익히기

CHAPTER | **02**

스프라이트 동작시키기_동작 블록

CHAPTER | **03**

동작 블록을 이용한 게임 프로젝트

CHAPTER | 06
이미지 에디터 활용과 장애물 게임

CHAPTER | **07**

튜토리얼을 활용한 축구공 게임

CHAPTER

10

톰과 제리 게임_연산 블록

CHAPTER **12**

다양한 도형 그리기_펜 블록

CHAPTER **13**

백설공주 애니메이션_소리/음악 블록

스크래치 기본 개념 익히기

학습목표

- 블록 결합 방식만으로 프로그래밍을 할 수 있는 스크래치를 이용하여 프로그램을 보다 쉽게 제작할 수 있다.
- 스크래치 에디터의 레이아웃과 기본 개념에 대해 학습할 수 있다.
- 온라인에 접속하지 않고도 오프라인 에디터로 프로젝트를 제작할 수 있다.

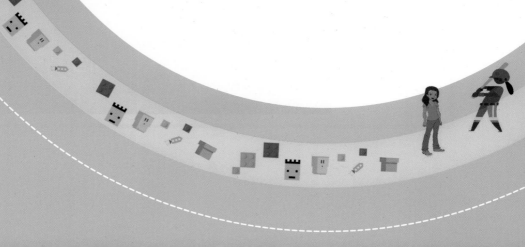

1 코딩의 이해

1) 코딩이란 무엇인가?

✅ 코딩의 사전적 의미

코딩(Coding)이란 컴퓨터 언어로 프로그램을 작성하는 작업을 뜻한다.

코드(Code)는 사전적 의미로는 '부호'란 뜻이며 특정 기호들을 이용해서 다양한 명령문을 작성하여 어떤 일을 실행하게 하는 일련의 작업을 '코딩'이라고 한다.

✅ 프로그래밍이란

코딩은 단순히 컴퓨터에 명령 코드들을 입력하는 작업인 반면 프로그래밍은 이러한 코딩 작업 외에 프로그램이 실행되기 위해 추가적으로 필요한 일련의 작업들(알고리즘, 순서도 작성)을 포함한 모든 과정을 의미한다.

2) 등록(비공인) 민간 자격 코딩 자격증

✅ YBM-COS(Coding Specialist) 코딩전문가 자격증

참고 사이트 : https://www.ybmit.com

COS(Coding Specialist)는 시작부터 종료까지 100% 컴퓨터상에서 진행되는 CBT(Computer Based Test)로 평가하는 방식으로 스크래치나 엔트리로 진행된다.

[등급별 세부 평가 항목]

자격 종목	등급	세부 평가 기준
Coding Specialist	1급/ Advanced	1. **화면 구현:** 화면 구성, IDE 도구 활용 2. **프로그램 구현:** 개발 도구의 이해, 변수, 리스트, 함수, 스프라이트 활용, 반복문과 조건문, 연산자 활용, 난수, 멀티미디어 활용, 소프트웨어 테스트, 공통 모듈, 소스코드 검토 및 디버깅, 성능 개선, 알고리즘
	2급/ Intermediate	1. **화면 구현:** 화면 구성, IDE 도구 활용 2. **프로그램 구현:** 개발도구의 이해, 변수, 리스트, 함수, 스프라이트 활용, 반복문과 조건문은 연산자 활용, 난수, 멀티미디어 활용 소프트웨어 테스트, 공통 모듈, 소스코드 검토 및 디버깅, 성능 개선, 순서도
	3급/ Basic	1. **화면 구현:** 화면 구성, IDE 도구 활용 2. **프로그램 구현:** 프로그래밍 도구 활용, 변수, 스프라이트 활용, 반복문과 조건문, 연산자 활용, 난수, 멀티미디어 활용, 스프라이트 제어, 애니메이션 효과, 좌표 이해, 소스코드 검토 및 디버깅
	4급/ Start	1. **화면 구현:** 화면 구성, IDE 도구 활용 2. **프로그램 구현:** 프로그래밍 도구 활용, 스프라이트 제어, 반복문과 조건문, 연산자 활용, 멀티미디어 활용

◼ 코딩능력마스터

한국정보통신진흥협회 (KAIT) 주관

참고 사이트 : https://www.ihd.or.kr/

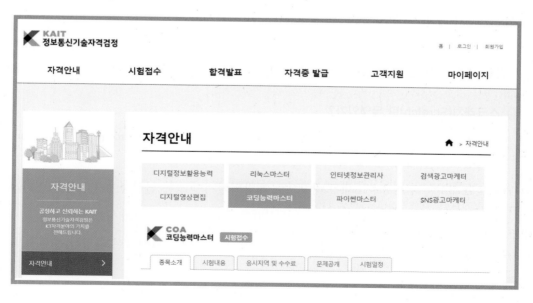

[시험 과목]

등급	사용 프로그램	검정 내용
1급		• 알고리즘의 이해 • 조건 해결을 위한 코딩 구성 • 문제 해결을 위한 코딩 활용 • 코드 분석과 디버깅
2급	• 스크래치 3.0 • 엔트리 2.0	• 화면 설계와 코딩 이해 • 조건 해결을 위한 코딩 구성 • 문제 해결을 위한 코딩 활용 • 코드 분석과 디버깅

2 스크래치의 이해

1) 스크래치란 무엇인가?

✔ 컴퓨터 프로그래밍 언어

컴퓨터에게 명령을 내리고 컴퓨터와 의사 소통을 하기 위한 언어를 컴퓨터 프로그래밍 언어라 한다.

컴퓨터 프로그래밍 언어의 종류는 다양하다.

HTML, C, Java, Basic, Python, PHP, ASP, JSP 등 다양하다.

그러나 이런 프로그래밍 언어들은 텍스트 기반으로 되어 있어 코딩이 너무 어려워 배우는 시간도 오래 걸릴 뿐 아니라 배워도 제대로 프로그램하기 어렵다.

✔ 스크래치(Scratch)란 무엇인가?

- 스크래치는 미국 MIT 대학 미디어 랩의 Lifelong Kindergarten Group에서 개발한 교육용 프로그래밍 언어로 무료로 이용할 수 있다.

- 스크래치는 주로 8 ~16세를 대상으로 개발되었지만 모든 연령층에서 사용 중이다.

- 스크래치는 세계 150개 이상의 나라에서 40개 이상의 언어 번역되어 사용되고 있다.

- 블록 형태의 명령어를 결합하는 방식만으로 프로그램을 완성하여 다양한 콘텐츠를 제작할 수 있다.

- 스크래치를 통해 쉽게 능동적이고 창의적인 자신만의 프로그램을 만들 수 있다.

2) 스크래치의 장점

스크래치는 온라인상에서 언제 어디서나 웹 브라우저를 통해 바로 프로젝트를 만들고 저장할 수 있다.

오프라인 에디터가 무료로 배포되어 내 컴퓨터에 다운받아 인터넷이 안 되는 장소에서도 프로젝트를 만들 수 있다.

기본 명령어 외에 그림, 애니메이션, 사운드 등 다양한 멀티미디어를 지원해 풍성한 콘텐츠를 쉽게 제작할 수 있다.

사용자가 어떤 알고리즘을 구현시키는가에 따라 초등학생부터 성인에 이르기까지 다양한 수준의 결과물을 만들어 낼 수 있다.

스크래치는 전 세계 사람들이 이용하고 있어 각자가 만든 결과물을 온라인을 통해 공유할 수 있다.

다른 사람들의 결과물을 볼 수 있을 뿐 아니라 타인이 만든 결과물을 자신의 스튜디오로 가져와 다시 리메이크할 수도 있다.

3 스크래치 온라인 회원 가입하기

스크래치를 사용하기 위해서는 먼저 인터넷에 접속하여 무료 회원가입을 해야 한다.

회원가입을 하게 되면 자료 저장, 공유 등 편리한 기능들을 웹에서 사용할 수 있다.

1 scratch.mit.edu에 접속한다.

스크래치 화면 오른쪽 위에 있는 [스크래치 가입] 메뉴를 클릭한다.

2 사용자 아이디와 비밀번호를 입력한 후 [다음] 버튼을 클릭한다.

아이디는 반드시 영문으로 3 ~ 20 글자 사이로 해야 한다.

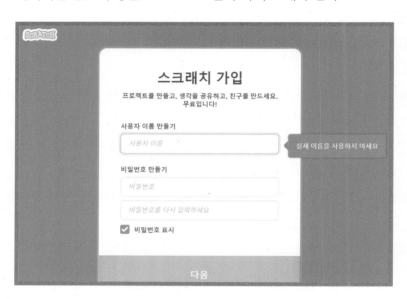

3 생년월일, 성별, 국가(Korea – Korea, Republic of)를 선택한 후 [다음]을 클릭한다.

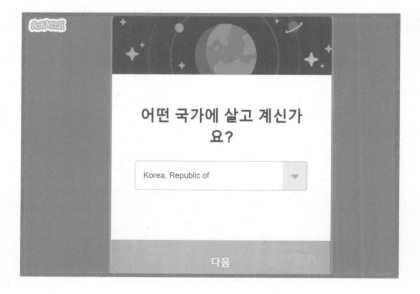

4 생년월일을 선택한 후 [다음]을 클릭한다.

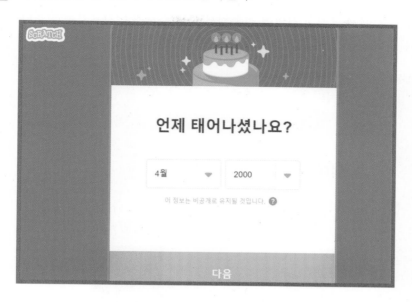

5 성별을 선택한 후 [다음]을 클릭한다.

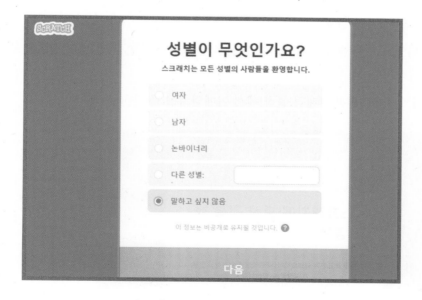

6 이메일 주소를 정확하게 입력한 후 [다음]을 클릭한다.

이메일 주소는 후에 스크래치 서버에 접속해서 다른 스크래치 사용자들과 채팅도 하고 서로 자신들의 작품을 교류할 수 있기 때문에 정확히 입력해야 한다.

7 스크래치 가입 절차가 완료되었다.

로그인이 되었고 프로젝트를 공유하고 댓글을 남기고 싶다면 본인의 이메일로 보낸 링크를 클릭하라는 문구가 나온다.

• 이메일이 오지 않았다면 [계정 설정]에서 이메일 주소를 바꿀 수 있다.

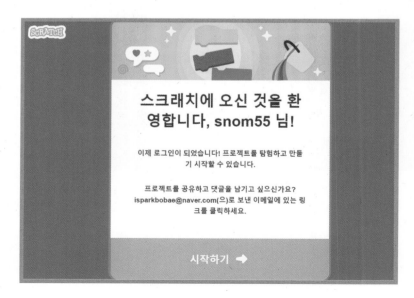

4 스크래치 오프라인 에디터 설치하기

1 Scratch.mit.edu 사이트에 접속해서 메인 화면 맨 아래 [유용한 자료들] – [다운로드]
를 클릭한다.

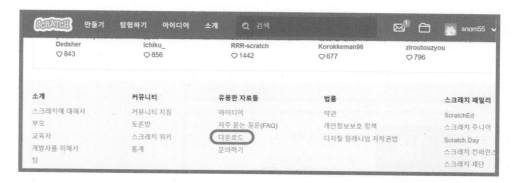

2 본인의 컴퓨터의 운영체제를 선택한 후 스크래치 앱을 다운로드한다.

3 Scratch 3 설치 시작

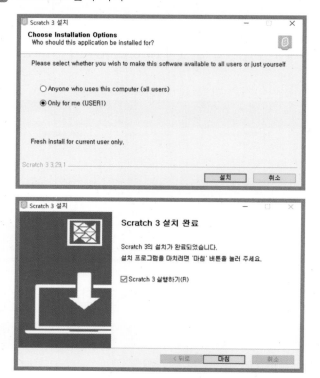

📝 자주 묻는 질문(FAQ)

스크래치 홈페이지에서 자주 질문되는 내용이다.

(1) 스크래치를 사용하려면 앱을 다운로드해야만 하나요?

아니요. scratch.mit.edu로 가서 "만들기"를 눌러 대부분의 장치에서 웹 브라우저로 스크래치 프로젝트 에디터를 사용할 수 있습니다.

(2) 스크래치 앱을 하드웨어 장치에 어떻게 연결하나요?

Windows용 스크래치 앱을 사용하면서 하드웨어 장치에 연결하기 위해서는 Scratch Link를 설치하고 실행해야 할 것입니다. Scratch Link를 사용하려면 인터넷 연결 또한 필요할 것입니다.

(3) Windows용 스크래치 앱에서 온라인 커뮤니티로 공유할 수 있나요?

Windows용 스크래치 앱에서 온라인 커뮤니티에 바로 공유하는 것은 현재 지원되지 않습니다. 현재로서는 스크래치 앱에서 프로젝트를 내보낸 다음, 스크래치 웹사이트에 로그인하고, 그곳에서 프로젝트를 업로드하고 공유할 수 있습니다.

(4) 스크래치 앱을 사용하면서 브라우저에도 스크래치를 열어 놓을 수 있나요?

예

(5) Android 폰에 스크래치를 설치할 수 있나요?

아니요. Android용 스크래치의 현재 버전은 태블릿에서만 작동합니다.

(6) 스크래치 앱을 어떻게 업데이트하나요?

이 페이지에서 Windows용 스크래치를 업데이트하려면, 최신 버전을 다운로드하고 설치하세요. 어떤 버전을 가지고 있는지 확인하려면, 다운로드 받은 앱에 있는 스크래치 로고를 누르세요.

5 스크래치 기본 용어

스크래치에는 크게 [무대], [스프라이트], [스크립트(코드)] 세 개념이 있다.

이 세 가지 개념들이 어우러져 하나의 프로그램이 완성된다.

1) 무대

무대는 스프라이트가 움직이는 공간이다.

무대에는 다양한 스프라이트를 만들어 놓을 수 있다.

무대 배경은 다양한 이미지나 색으로 배경을 그릴 수 있다.

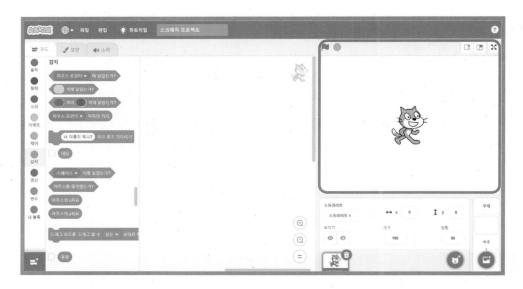

2) 스프라이트

스프라이트는 '무대' 위에서 움직일 수 있는 객체를 말한다.

하나의 프로젝트에는 여러 개의 스프라이트가 동시에 사용될 수 있다.

또 하나의 스프라이트는 2개 이상의 모양을 가질 수 있다.

여러 가지 모양을 가진 하나의 스프라이트는 상황에 맞게 모양이 변할 수도 있다.

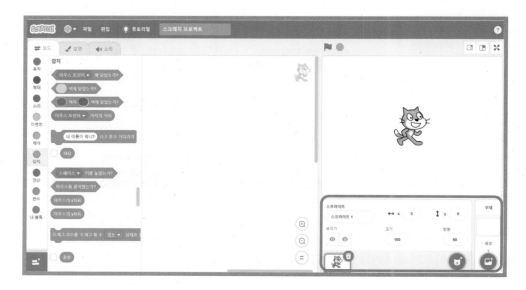

3) 스크립트

스크립트는 스프라이트와 무대를 작동시키기 위한 명령어 블록이다.

스크립트는 여러 블록의 조합으로 만들어지는데 스크립트 영역에서 블록이 결합된다.

스크립트 블록을 이용하여 스프라이트도 움직이고 무대도 조건에 따라 변경시킬 수도 있다.

스크립트 블록은 다양한 카테고리 블록으로 구성되어 있다.

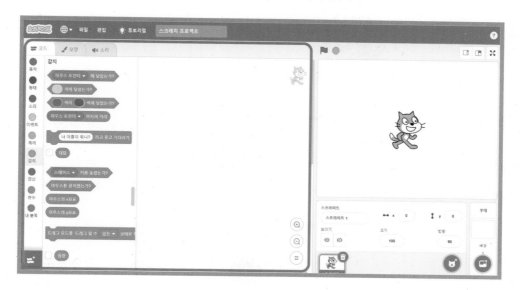

6 스크래치 오프라인 에디터 인터페이스

1) [실행] 창

실행 창은 프로젝트의 모든 결과물을 확인할 수 있는 공간이다.

스프라이트와 무대가 스크립트에 따라 기능을 수행하는 공간이기도 하다.

1 클릭하면 현재 열려 있는 프로그램이 실행된다.

2 실행되고 있는 프로그램이 정지된다.

3 스크립트창을 넓게 쓸 수 있다.

4 실행창을 원래 크기대로 사용할 수 있다.

5 실행 화면만 최대로 확장할 수 있다.

2) [스프라이트] 정보창

(1) 새 스프라이트 삽입하기

4가지 방법을 이용해서 새로운 스프라이트를 삽입할 수 있다.

1 **[스프라이트 업로드]**

　　본인이 직접 제작한 스프라이트 파일을 불러올 수 있다.

2 **[서프라이즈]**

　　무작위로 스프라이트를 불러올 수 있다.

3 [그리기]

스크래치 [모양] 창에서 스프라이트를 직접 제작할 수 있다.

4 [스프라이트 고르기]

스크래치 프로그램 내에서 제공된 스프라이트를 불러올 수 있다.

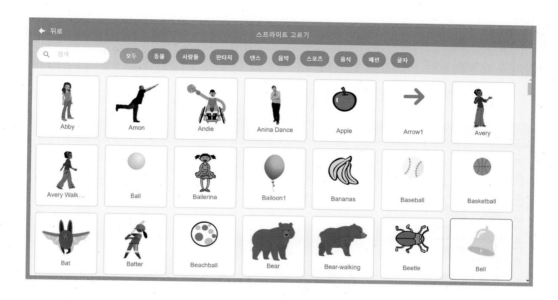

(2) 스프라이트 변경하기

스프라이트 정보창에서 현재 프로젝트에서 사용하고 있는 스프라이트 이름, 크기, 방향, 위치 등을 수정할 수 있다.

3) [스크립트] 창

[스크립트] 블록 모음은 총 10가지 코드 카테고리로 구분되며 각각의 코드 카테고리에는 여러 다양한 기능을 수행할 수 있는 블록 리스트들이 있다.

스크립트는 현재 선택된 스프라이트 또는 무대에 해당하는 스크립트를 보여주기 때문에 다른 스프라이트를 선택하면 새로이 선택한 스프라이트에 해당하는 스크립트가 나타난다.

스크립트는 코드 카테고리에 있는 블록들을 스크립트 영역에 "드래그 앤 드롭" 방식으로 끌어다 놓으면 된다.

스크립트들이 블록처럼 쌓이면서 코딩이 완성된다.

4) [소리] 창

[소리 정보] 창에서는 음량 조절 외에도 페이드 인, 페이드 아웃 등의 효과를 줄 수 있다.

5) [무대 정보] 창

무대 정보 창에서 무대 배경을 선택할 수 있다.

[배경] 탭에서 선택한 배경을 부분적으로 수정할 수도 있다.

6) 무대 배경 추가하기

4가지 방법을 이용해서 무대의 배경을 바꿀 수 있다.

1 **[배경 업로드]** 기존에 만들어진 배경 파일을 불러올 수 있다.

2 **[서프라이즈]** 무작위로 다른 배경을 불러올 수 있다.

3 **[그리기]** 배경을 [배경] 탭에서 그릴 수 있다.

4 **[배경 고르기]** 스크래치 프로그램 내에서 제공된 배경을 불러올 수 있다.

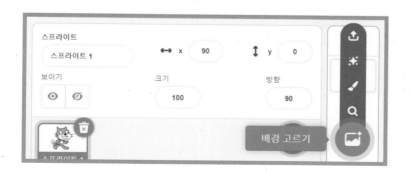

1. 스크래치의 기본 개념

1) 무대

무대는 스프라이트가 움직이는 공간이다.
무대 배경은 다양한 이미지나 색으로 배경을 그릴 수 있다.

2) 스프라이트

스프라이트는 '무대' 위에서 움직일 수 있는 객체를 말한다.
하나의 프로젝트에는 여러 개의 스프라이트가 동시에 사용될 수 있다.
또한 하나의 스프라이트는 2개 이상의 모양을 가질 수 있다.

3) 스크립트

스크립트는 스프라이트와 무대를 작동시키기 위한 명령어 모음이다.
스크립트는 여러 블록의 조합으로 만들어지는데 스크립트 영역에서 블록이 결합된다.

2. 스크래치 오프라인 에디터 인터페이스

[실행] 창 스프라이트와 무대가 스크립트에 따라 기능을 수행하는 공간

[무대 정보] 창 무대 정보 창에서는 현재의 무대 상태를 볼 수 있고 새로운 무대를 만들 수 있다.

[스프라이트] 정보창 스프라이트 창에는 현재 프로젝트에서 사용하고 있는 스프라이트 각각의 모양을 수정하거나 새로운 스프라이트를 불러올 수 있다.

[소리] 창 소리를 삽입하고 음량 조절 외에도 페이드 인, 페이드 아웃 등의 효과를 줄 수 있다.

[스크립트] 창 총 10가지 코드 카테고리로 구분되며 각각의 코드 카테고리에는 여러 다양한 기능을 수행할 수 있는 블록 리스트들이 있다.
"드래그 앤 드롭" 방식으로 코드 블록을 스크립트 창에 끌어다 놓으면 된다.
스크립트들이 블록처럼 쌓이면서 코딩이 완성된다.

연습문제

1. 스크래치의 특성에 관한 설명이 바르지 못한 것은 무엇인가?

① 블록 결합 방식이다.

② 완성한 프로젝트를 온라인으로 공유할 수 있다.

③ 다른 사람이 만든 프로젝트를 내가 수정할 수는 없다.

④ 스크래치 오프라인 버전을 다운받아 사용할 수 있다.

2. 스크래치에서 사용되는 기본 개념에 속하지 않는 것은 무엇인가?

① 이벤트

② 스프라이트

③ 스크립트

④ 무대

3. 스크래치에서 스프라이트를 추가하는 방법 중 옳지 않은 것은 무엇인가?

① 스크래치 프로그램 안에 제공된 스프라이트만을 선택, 사용할 수 있다.

② 새 스프라이트를 그릴 수 있다.

③ 스프라이트로 만들어 놓은 파일을 불러올 수 있다.

④ 다른 프로젝트에서 사용한 스프라이트를 바로 불러올 수는 없다.

4. 스크래치의 사용 방법에 대한 설명이 바르지 않은 것은?

① 스프라이트는 무대 위에서 움직이는 객체를 말한다.

② 하나의 스프라이트는 2개 이상의 모양을 가질 수 있다.

③ 하나의 프로젝트에는 여러 개의 스프라이트가 동시에 사용될 수 있다.

④ "드래그 앤 드롭" 방식으로 코드 블록을 무대에 끌어다 놓으면 된다.

5. 스크래치에서 다른 배경을 추가하는 방법 중 옳지 않은 것은 무엇인가?

① 여러 가지 배경을 장면을 바꿔가며 사용할 수 있다.

② 배경을 새롭게 제작해서 사용할 수도 있다.

③ 포토샵에서 만든 이미지 파일을 배경으로 불러올 수 있다.

④ 하나의 배경이 여러 가지 모양을 가질 수 있다.

6. 다음 스크래치 프로그램에 대한 설명이 틀린 것은 무엇인가?

① 미국의 MIT에서 제작해 무료로 전세계인들에게 제공한다.

② 스크래치를 활용한 자격증을 취득할 수 있다.

③ 스크래치 오프라인 에디터를 다운받아 누구나 사용할 수 있다.

④ 회원으로 가입하지 않으면 스크래치 오프라인 에디터를 사용할 수 없다.

7. 다음 중 설명된 내용이 맞으면 'O', 틀리면 'X' 하세요.

① 스프라이트의 크기는 무대에서만 설정할 수 있다. (   )

② 프로젝트를 무대만 모니터 화면으로 볼 수 있도록 하는 기능이 있다. (   )

③ 스프라이트는 여러 개의 모양을 가질 수 있다. (   )

④ 스크립트는 스프라이트와 무대를 작동시키기 위한 명령어 모음이다. (   )

정답   1.③ 2.① 3.① 4.④ 5.④ 6.④ 7.①X ②O ③O ④O

스프라이트 동작시키기_동작 블록

학습목차

학습목표

- 스크립트 블록들의 유형에 따른 결합 방식에 대해 이해할 수 있다.
- 스크래치 동작 블록의 스크립트를 활용할 수 있다.
- 스프라이트를 추가하는 방식을 다양하게 익힐 수 있다.
- 무대 좌표값과 스프라이트의 회전 각도의 표현 방법을 익힐 수 있다.

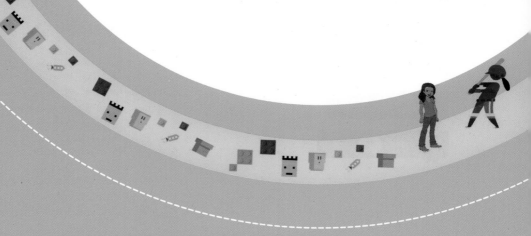

1 ▶ 스크립트 블록 유형

스크래치의 10개의 카테고리 블록 중 가장 기본이 되는 블록이 동작 블록이다.

동작 블록을 많이 활용해 봄으로써 프로그램에 대한 자신감과 흥미를 키울 수 있다.

특히 블록 유형에 따른 결합 방식이 다르기 때문에 결합이 되지 않는 블록들 간의 관계 문제를 해결하면서 코딩의 원리를 이해할 수 있다.

결합이 되지 않는 블록들은 단순히 모양이 달라서가 아니라 두 블록의 스크립트 명령어를 해석하여 서로 맞지 않는 원리를 터득하면서 자연스럽게 알고리즘에 대한 이해를 높일 수 있다.

프로그램을 작성하기 위해서 스크래치에서는 블록을 결합시키면서 스크립트를 작성하게 된다.

블록들은 각기 다른 모양을 가지고 있는데 그 모양에 맞춰서 결합이 된다.

블록의 결합은 블록들의 몇 가지 형태에 따라 결합 방식이 다르기 때문에 블록의 형태를 알면 스크립트 작성이 쉬워진다.

☑ 위가 둥근 형태 블록

블록의 모양이 위가 둥그런 형태의 블록들은 자신의 블록 위로는 다른 블록을 결합시킬 수 없고 아래로만 결합할 수 있다.

주로 프로젝트를 시작하기 위해서 사용하고 이벤트 블록에 많이 있다.

☑ 홈이 파인 형태 블록

이 블록은 위에 홈이 파여 있고 아래는 약간 볼록한 면이 있어 자신의 위 또는 아래로 다른 블록을 결합할 수 있다.

✅ 육각형 형태 블록

육각형 형태의 블록은 위나 아래로 다른 블록과 결합되는 것이 아니라 육각형 모양의 빈 칸 안으로 결합된다.

✅ 둥근 타원 형태 블록

x좌표

y좌표

방향

둥근 타원 형태 블록은 위나 아래로 다른 블록과 결합되는 것이 아니라 다른 블록의 둥근 빈칸 안으로 들어가 결합된다.

✅ 둥근 빈칸 형태 블록

1 부터 10 사이의 난수

가위 이(가) 가 을(를) 포함하는가?

둥근 형태 블록이 들어갈 수 있는 블록이다.

2 스크립트 동작 블록의 종류

스프라이트의 움직임과 관련된 스크립트에는 동작 블록이 있다.

동작 블록을 활용하면 스프라이트를 원하는 위치로 보낼 수도 있고 움직이는 방향도 바꿀 수 있고 회전을 시킬 수도 있다.

스크래치에서 움직이는 많은 대부분의 동작들은 동작 블록을 이용한다.

[동작 블록의 종류]

동작 블록의 종류	설명
10 만큼 움직이기	지정한 값만큼 스프라이트의 진행 방향으로 이동시킨다.
방향으로 15 도 돌기	지정한 값만큼 스프라이트의 시계 방향으로 회전시킨다.
90 도 방향 보기	지정한 각도로 스프라이트가 바라본다. 0도는 위쪽을, 90도는 오른쪽 진행 방향, 180도는 아래쪽, −90도는 왼쪽을 향하게 한다. 스프라이트의 방향 설정이 무엇인가에 따라 형태가 달라진다.
무작위 위치 ▼ (으)로 이동하기 ✓ 무작위 위치 마우스 포인터	스프라이트를 랜덤하게 이동시킨다. 스프라이트를 마우스 포인터를 따라 움직이도록 한다.
마우스 포인터 ▼ 쪽 보기	스프라이트가 마우스 포인터를 바라보도록 한다.
x: 0 y: 0 (으)로 이동하기	스프라이트를 지정된 x좌표, y좌표로 이동시킨다.
1 초 동안 랜덤 위치 ▼ (으)로 이동하기	일정시간 동안에 원하는 위치로 이동하도록 한다.
x좌표를 10 만큼 바꾸기	스프라이트의 x좌표를 지정한 수만큼 변경한다.
x좌표를 -85 (으)로 정하기	스프라이트의 x좌표를 지정한 값으로 정한다.

동작 블록의 종류	설명
y좌표를 (10) 만큼 바꾸기	스프라이트의 현재 y좌표를 지정한 수만큼 변경한다.
벽에 닿으면 튕기기	스프라이트가 벽(실행 창의 4개의 면)에 닿으면 튕겨 나오게 한다.
회전 방식을 왼쪽-오른쪽 ▼ (으)로 정하기	스프라이트 회전 방식을 지정한 방식으로 정한다.
☐ x좌표 ☐ y좌표 ☐ 방향	선택된 스프라이트의 x좌표값, y좌표값, 방향(각도)값을 출력해준다.

③ 스프라이트 동작시키기

1) 스프라이트 방향 알기

스프라이트를 내가 원하는 위치로 움직이기 위해서는 무대에서 스프라이트의 위치를 알아야 한다.

무대에서의 위치는 좌표로 표시된다.

스프라이트를 움직이는 무대가 2차원이므로 2차원을 표시하는 x좌표와 y좌표를 사용한다.

가로가 x좌표이고 세로가 y좌표이다.

스크래치의 무대의 크기를 알기 위해 무대 위에서 마우스를 움직여 보면 실행 창 하단에 마우스의 움직임에 따라 바뀌는 좌표값을 볼 수 있다.

🗸 무대 좌표값

무대 공간은 (x:0, y:0)을 중심으로 오른쪽으로 240, 왼쪽으로 240, 위쪽으로 180, 아래쪽으로 180만큼의 크기를 갖는다.

오른쪽의 반대인 왼쪽은 (−)음수로 표현하고 위쪽의 반대인 아래쪽을 (−)음수로 표현한다.

좌표값을 잘 이해해야 혼동하지 않고 스프라이트를 정확하게 움직일 수 있다.

예) 좌표값 표시 예

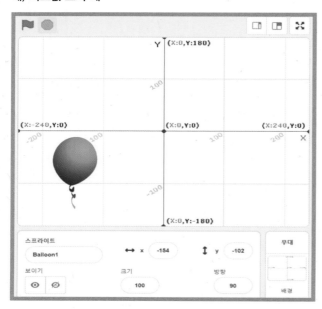

2) 스프라이트 움직이기

간단한 동작 블록을 이용하여 스프라이트를 움직여본다.

스프라이트를 숫자의 크기만큼 움직일 수 있다.

(1) [(10)만큼 움직이기]

이 블록은 스프라이트가 현재 향하고 있는 방향(순방향)으로 "100"만큼 이동하라는 의미이다.

블록의 흰 동그라미 안의 숫자를 원하는 만큼 변경하면서 입력할 수 있다.

숫자 값을 "-20"과 같이 음수로 넣으면 반대 방향으로 움직이게 된다.

이때 숫자를 직접 입력해도 되고 숫자를 출력해주는 블록을 결합시켜 출력되는 숫자 값을 사용해도 된다.

(2) [x좌표를 (10)만큼 바꾸기]

이 블록은 스프라이트를 x좌표만 100만큼, 즉 오른쪽으로 100만큼만 수평 이동하라는 것이다.

숫자 값을 "-10"과 같이 음수로 넣으면 반대로 왼쪽 방향으로 수평 이동하라는 의미이다.

(3) [(10)만큼 움직이기]와 [x좌표를 (10)만큼 바꾸기]의 차이

☑ [(10)만큼 움직이기] 블록은

스프라이트가 어떤 방향, 어느 각도로 서있는지에 따라 보고 있는 방향으로 10만큼 움직인다. 따라서 스프라이트가 비스듬히 45도 정도 아래를 보고 있다면 스프라이트는 45도 각도로 아래로 비스듬히 움직이게 된다.

☑ **[x좌표를 (10)만큼 바꾸기] 블록은**

스프라이트가 45도 각도의 방향을 보고 서있더라도 상관없이 수평으로 움직인다.

(4) [x좌표를 (   )(으)로 정하기]

이 블록은 스프라이트를 한 번의 이동으로 원하는 위치까지 보내주는 블록이다.

이 블록을 이용하면 컴퓨터가 워낙 빨라서 스프라이트가 움직이는 과정이 안보이고 원하
는 위치로 옮겨져 있는 결과만 보인다.

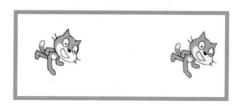

반면, [x좌표를 (10)만큼 바꾸기] 블록을 여러 번 사용해서 원하는 목적지까지 보낼 수 있는데 이 경우 (10)만큼씩 이동할 때마다 스프라이트가 움직이는 동작이 보이게 된다.

10만큼씩 10번 이동하면 목적지로 보내는 블록의 결과는 똑같으나 프로그램의 목적에 따라 선택해서 쓸 수 있어야 한다.

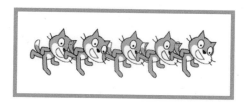

(5) 마우스로 움직이기

스프라이트를 좌표나 숫자로만 움직이지 않고 마우스를 드래그하면 스프라이트가 마우스를 따라다니게 할 수 있다.

예제 1

다음과 같이 블록을 결합하고 결합된 블록을 클릭해서 실행시켜본다.

스프라이트를 45도 회전시킨 후 자신을 복제해놓고 자신은 100만큼 이동한 후 색깔을 25만큼 바꾼다.

▌사용 블록

블록의 종류	카테고리
[(45)도 돌기]	[동작]
[나 자신 복제하기]	[제어]
[(100)만큼 움직이기]	[동작]
[색깔 효과를 (25)만큼 바꾸기]	[형태]

▌실행 결과 미리보기

결합된 블록의 아무 곳이나 클릭하면 결과를 볼 수 있다.

예제 2

다음과 같이 블록을 결합하고 결합된 블록을 클릭해서 실행시켜본다.

스프라이트를 45도 회전시킨 후 자신을 복제해놓고 자신은 오른쪽으로 100만큼 수평 이동한 후 색깔을 25만큼 바꾼다.

아래 블록은 예제 1)에서 사용한 블록과 동일하고 [x좌표를 (100)만큼 바꾸기] 블록만 교체 사용했다.

▌사용 블록

블록의 종류	카테고리
[(45)도 돌기]	[동작]
[나 자신 복제하기]	[제어]
[x좌표를 (100)만큼 바꾸기]	[동작]
[색깔 효과를 (25)만큼 바꾸기]	[형태]

▌실행 결과 미리보기

예제 3

블록들을 이용하여 실행시켜보고 스프라이트의 움직임의 차이를 이해하자.

    ① X좌표를 180으로 정하기

    ② X좌표를 10만큼 10번 반복하기

    ③ 5초 동안 x:180 y:10으로 움직이기

블록 코딩	실행 결과
① X좌표를 180으로 정하기	

② X좌표를 10만큼 10번 반복하기	

블록 코딩	실행 결과
③ 5초 동안 x:180 y:10으로 움직이기 	(5초 동안 부드럽게 움직인다)

4 ▶ 스프라이트 정보창 활용하기

1) 스프라이트 정보창 레이아웃

스프라이트를 다양하게 움직이기 위해서는 [스프라이트 정보창]을 잘 활용해야 한다.

스프라이트 정보창에서는 스프라이트의 이름, 크기, 위치, 방향, 보이기 등을 설정할 수 있다.

1 스프라이트의 이름 : 현재 스프라이트의 이름을 보여준다. 원하는 이름을 입력한다.

2 스프라이트의 위치 좌표 : 스프라이트의 현재 위치를 좌표값으로 표시한다. 스프라이트의 위치가 변경되면 자동으로 위치 좌표값도 변경된다.

3 스프라이트의 방향 : 스프라이트의 현재 방향 값을 표시한다.

스프라이트 회전 방식 : 스프라이트의 회전 방식을 표시한다. 회전하기, 왼쪽/오른쪽, 회전하지 않기 등 3가지 방식이 있다.

4 보이기 : 스프라이트의 상태를 보이도록 하려면 "보이기"에 체크, 숨기기를 원하면 "숨기기"에 체크한다.

2) [(90)도 방향 보기]

스프라이트를 움직일 때 스프라이트가 어느 방향을 보고 있는지는 상당히 중요하다.

스프라이트의 방향 설정에 따라 회전시켰을 때의 결과가 달라지기 때문이다.

모든 스프라이트의 기본값은 90도이다. 방향 보기 설정값에 따라 스프라이트의 움직임이 다르다.

방향 보기는 스프라이트를 회전시키기 전 기준이 되는 방향이므로 아주 중요하다.

[회전 방식 설정값에 따른 스프라이트 움직임의 차이]

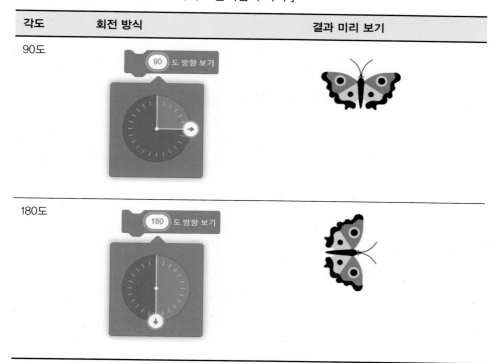

각도	회전 방식	결과 미리 보기
90도		
180도		

각도	회전 방식	결과 미리 보기
−90도	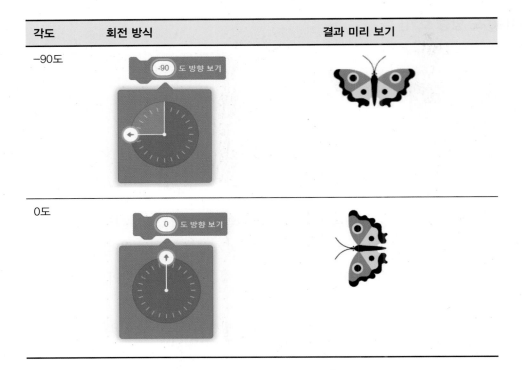	
0도		

3) 스프라이트 회전 방식

스프라이트를 회전시키는 방법에는 3가지 설정 방법이 있다.

[회전하기], [왼쪽/오른쪽], [회전하지않기]이다.

즉, 스프라이트를 회전시키기 위해서는 반드시 회전 방식이 [회전하기]로 설정되어 있어야 한다.

1 [회전하기]

스프라이트 회전 값은 기본값 90도를 기준으로 90도보다 큰 수이면 시계방향으로 회전하고 90보다 작은 값이면 시계반대방향으로 회전한다.

가령 현재 스프라이트의 방향값이 90도이고 방향 설정이 [회전하기]로 되어 있을 때 스프라이트 방향값을 120도로 변경하면 스프라이트는 각도(120−90=30)만큼 시계방향으로 회전한다.

만일 현재 스프라이트의 방향값이 90도이고 방향 설정이 [회전하기]로 되어 있을 때 스프라이트 방향값을 60도로 변경하면 스프라이트는 각도(90−60=30)만큼 시계반대방향으로 회전한다.

2 [왼쪽/오른쪽]

[왼쪽/오른쪽]의 경우 회전을 시켜도 회전은 되지 않고 왼쪽 또는 오른쪽으로만 바뀐다.

0 ~ 180도까지는 기본값 90도 방향보기로 있고 −1 ~ −179도까지는 반대로 왼쪽을 보고 있게 된다.

(0 ~180)

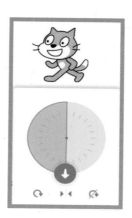

(−1 ~ −179)

예제 4

방향보기 옵션이 [왼쪽/오른쪽]으로 되어 있고 현재 방향 설정값이 (−1)일 때 고양이를 다시 오른쪽으로 보게 하기 위해서 아래 회전 블록의 필요한 각도값의 최소값은 얼마인가?

정답 : 1

방향 옵션이 왼쪽/오른쪽일 때 방향 회전을 위한 최소값

방향 설정값	반대쪽으로 회전하기 위한 최소값
95	86

방향 설정	반대쪽으로 회전하기 위한 최소값
−8	8

165	16

3 [회전하지않기]

스프라이트의 방향 옵션이 [회전하지않기]일 때는 어떤 방향보기나 각도로 회전하기 등의 스크립트를 작성해도 스프라이트는 일체 회전하지 않는다. 단, 스프라이트가 회전하지 않을 뿐 동작 블록의 '이동하기'는 실행된다.

블록의 유형

스크래치의 블록들은 각기 다른 모양을 가지고 있는데 그 모양에 맞춰서 결합이 된다.

블록의 결합은 블록들의 몇 가지 형태에 따라 결합 방식이 다르기 때문에 블록의 형태를 알면 스크립트 작성이 쉬워진다.

스프라이트 좌표값

무대가 2차원이므로 가로가 x좌표이고 세로가 y좌표이다.

무대 위치

무대 공간은 (x:0, y:0)을 중심으로 오른쪽으로 240, 왼쪽으로 240, 위쪽으로 180, 아래쪽으로 180만큼의 크기를 갖는다.

오른쪽의 반대인 왼쪽은 (−)음수로 표현하고 위쪽의 반대인 아래쪽을 (−)음수로 표현한다.

스프라이트 회전 방식

회전하기, 왼쪽/오른쪽, 회전하지 않기 등 세 방식이 있다.

회전하기는 스프라이트의 방향이 [회전하기]로 되어 있어야 작동한다.

왼쪽/오른쪽은 0 ~ 180도까지는 오른쪽, −1 ~ −179도까지는 왼쪽 방향으로 된다.

1. 다음 동작 블록 중에서 값을 출력해주는 블록은 무엇인가?

   ① ☐ x좌표

   ② 90 도 방향 보기

   ③ x좌표를 -105 (으)로 정하기

   ④ 마우스 포인터 ▾ 쪽 보기

   해설 다른 블록들은 위나 아래로 결합되는 블록으로 스프라이트를 움직이는 블록이다.

2. 아래 그림과 같이 오른쪽을 보고 있던 스프라이트가 한 번의 클릭으로 아래를 보고 있다. 클릭 한번으로 스프라이트를 다음과 같이 움직일 수 있는 블록은 무엇인가?

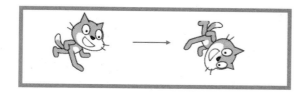

   ① ↻ 방향으로 90 도 돌기

   ② 10 만큼 움직이기

   ③ ↺ 방향으로 90 도 회전하기

   ④ 90 도 방향 보기

   해설 3번의 블록은 반대방향으로 회전한다.

3. 다음 스프라이트를 움직이는 스크립트 블록 중 블록의 클릭을 반복할수록 그 값이 누적되는 블록이 아닌 것은 무엇인가?

   ① ↻ 방향으로 90 도 돌기

   ② 10 만큼 움직이기

③ y좌표를 10 만큼 바꾸기

④ x: 65 y: 3 (으)로 이동하기

해설 4번 블록은 좌표값이 정해져 있어 여러 번 클릭해도 같은 좌표이다.

4. 다음 블록들 중 결합 방식이 다른 하나는 무엇인가?

① 마우스 포인터 ▾ 쪽 보기

② x좌표

③ 10 만큼 움직이기

④ 90 도 방향 보기

5. 아래 그림처럼 만일 고양이 스프라이트가 오른쪽을 보고 있다가 한 번에 바로 왼쪽을 향하게 되었다. 방법에 대한 설명이 잘 된 것은 무엇인가?

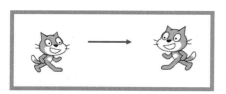

① [(−90도) 방향보기] 블록이 실행되었다.
② 스프라이트 정보창에서 '회전 방식'이 '회전하기'로 되어 있었다.
③ 스프라이트의 좌표값을 정해주었다.
④ 스프라이트의 위치값을 정해주었다.

해설 스프라이트의 회전 방식은 '왼쪽/오른쪽'으로 되어 있어야 한다.

6. 아래 블록으로 회전을 시키려고 한다. 방향보기 옵션이 [왼쪽/오른쪽]으로 되어 있고 현재 방향 설정값이 (80)일 때 고양이를 다시 오른쪽으로 보게 하기 위해서 아래 회전 블록의 필요한 각도값의 최소값은 얼마인가?

해설 방향보기 옵션이 [왼쪽/오른쪽]일 때에는 180도를 기준으로 방향이 바뀌기 때문이다.

7. 아래 고양이의 왼쪽 모습이 오른쪽 모습으로 바뀌도록 코딩하려고 한다. 동작 블록과 방향옵션이 바르게 짝지어진 것은 무엇인가?

① 180 도 방향 보기   방향옵션은 [회전하기]

② 180 도 방향 보기   방향옵션은 [왼쪽/오른쪽]

③ 0 도 방향 보기   방향옵션은 [회전하기]

④ 0 도 방향 보기   방향옵션은 [왼쪽/오른쪽]

해설 스프라이트가 회전을 하기 위해서는 방향옵션은 무조건 [회전하기]가 되어 있어야 한다. 1번 블록은 방향옵션은 맞으나 회전 각도가 틀렸다.

8. 아래 이미지처럼 고양이를 움직이게 하려고 한다. 바르게 코딩된 블록은 무엇인가?

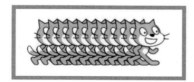

> **해설**   1번 블록은 여러 번 반복해도 x좌표는 항상 10으로 고정이다. 3번 블록도 10번을 반복해도 x좌표:10
> 과 y좌표:0으로 불변이 된다.

9. 고양이가 아래 그림과 같이 [90도 방향보기], [회전하기]로 되어 있다. 다음 중 코딩의
결과가 같은 블록 두 개를 고르시오.

① x좌표를 100 만큼 바꾸기

② x좌표를 100 (으)로 정하기

③ 100 만큼 움직이기

④ x좌표를 100 만큼 바꾸기

> **해설** [x좌표를 (100)만큼 바꾸기] 100만큼 수평 이동이고 [(100)만큼 움직이기] 또한 방향이 [90도 방향보기]이기 때문에 1번 블록과 같은 결과로 움직인다.

10. 보기 블록들 중 [(10)번 반복하기] 결합 블록의 실행 블록으로 들어갔을 때 매번 위치 이동이 되지 않는 블록은 무엇인가?

① 1 초 동안 랜덤 위치 ▼ (으)로 이동하기

② 마우스 포인터 ▼ 쪽 보기

③ 무작위 위치 ▼ (으)로 이동하기

④ 10 만큼 움직이기

> **해설** [(마우스 포인터)쪽 보기] 블록은 마우스를 매번 움직여 주지 않으면 변화가 없다.

정답 1.① 2.① 3.④ 4.② 5.① 6.101 7.③ 8.② 9.①,③ 10.②

동작 블록을 이용한 게임 프로젝트

학습목표

- 동작 블록들을 활용한 예제를 실습해볼 수 있다.
- 스프라이트를 마우스로 움직이면서 공을 팅기는 예제를 작성할 수 있다.
- 컴퓨터 키보드의 화살표 버튼으로 스프라이트를 좌, 우로 움직여서 펭귄을 따라잡는 게임을 작성할 수 있다.

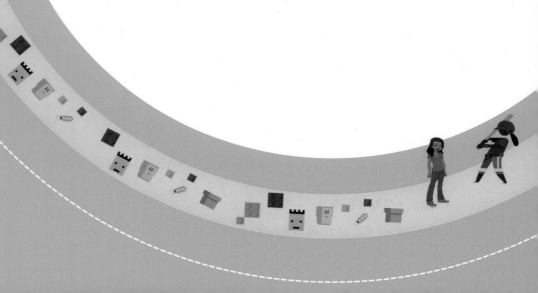

1 패들로 공 튕기기 게임

1) 게임 스토리보드 만들기

모든 프로그램들이 그러하듯이 어떤 테마를 가진 게임을 작성하려면 제일 먼저 스토리보드를 만들어야 한다.

스토리보드를 제대로 만들수록 코딩은 한결 쉬워진다. 스토리보드를 만들면서 게임에 대한 알고리즘을 먼저 생각하게 되고 후에 게임에 오류가 났을 때도 스토리보드를 보면서 알고리즘의 오류를 찾아낼 수 있기 때문이다.

✔️ 패들로 공 튕기기 게임 스토리보드

1 '공' 스프라이트를 패들로 막아내면서 공이 사방에 튕기도록 하는 게임이다.

2 만일 공이 패들에 닿았는지를 체크하고 닿았으면 공을 다시 튀어 올라가도록 한다.

3 만일 공이 벽에 닿으면 튕기도록 한다.

4 만일 공이 파란 바닥에 닿으면 게임을 종료한다.

2) 스프라이트 추가하기

Ball 스프라이트 추가

[스프라이트고르기]에서 'basketBall'을 선택

Paddle 스프라이트 추가

[스프라이트고르기]에서 'button2'를 선택 후 이름을 'paddle'로 수정

'line' 스프라이트 추가

[스프라이트고르기]에서 'line'을 선택

3) 코딩 작성하기

(1) '공' 스프라이트

공 튕기기

공이 회전을 하면서 움직이다 벽에 닿으면 튕기도록 한다.

'Ball' 스프라이트를 선택한 후 아래 블록을 결합시킨다.

1 [초록 깃발을 클릭했을 때] 이벤트 블록 게임을 시작하게 하는 이벤트 블록이다.

2 공이 회전하기 위해서는 30도 기울인다.

3 공이 앞으로 진행하기 위함이다.

4 [벽에 닿으면 튕기기] 동작 블록 벽에 닿으면 자연스럽게 사방 벽을 튕긴다.

공이 패들에 닿았는지 체크하기

'Ball' 스프라이트를 선택한 후 아래 블록을 결합시킨다.

Ball이 Paddle에 닿았는지를 반복해서 체크한다.

만약 닿았다면 (즉 공을 잘 막았다면) Paddle에 맞고 튕겨 나갈 수 있도록 [(−180)도 돌기]와 [(10)만큼 움직이기] 블록을 실행시킨다.

이때 도는 각도는 [(−180)도 돌기]가 아닌 다른 방향, 다른 각도로 바꿔서 사용해 볼 수 있다.

1 [초록 깃발을 클릭했을 때] 이벤트 블록

2 [무한 반복하기] 제어 블록

3 [만약 (…)(이)라면] 제어 블록

4 [(…)에 닿았는가?] 감지 블록

5 [(15)도 돌기] 동작 블록

6 [(10)만큼 움직이기] 동작 블록

7 [(1)초 기다리기] 제어 블록

'Ball'이 'line'에 닿으면 공 튕기기 게임 종료

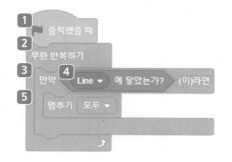

1 [초록 깃발을 클릭했을 때] 이벤트 블록

2 [무한 반복하기] 제어 블록

3 [만약 (…)(이)라면] 제어 블록

4 [(…)에 닿았는가?] 감지 블록

5 [멈추기 ( )] 제어 블록

(2) 'Paddle' 스프라이트

패들을 마우스로 자유롭게 움직이도록 한다.

패들은 좌우로만 움직여야 한다.

'Paddle' 스프라이트를 선택한 후 아래 블록을 결합시킨다.

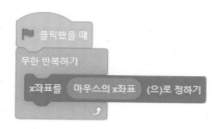

[마우스의 x좌표] 감지 블록

마우스의 x좌표값을 출력해준다.

[x좌표를 (…)(으)로 정하기] 동작 블록

[마우스의 x좌표] 출력값으로 x좌표를 정한다.

(3) 'line' 스프라이트

게임이 시작될 때 라인이 창 하단에 위치해 있어야 한다.

(4) 완성된 스크립트

공 스크립트

패들 스크립트

line 스크립트

2 펭귄 따라잡기 게임

펭귄을 방향키로 움직이면 움직이는 펭귄을 히포가 따라가 펭귄과 마주치게 되면 "우리 친구하자"라고 말하는 게임이다.

✔ 펭귄 따라잡기 스토리보드

1️⃣ 펭귄 스프라이트를 방향키로 움직인다.

2️⃣ 히포는 게임이 시작되면서 자동으로 펭귄을 따라가도록 한다.

3️⃣ 히포가 펭귄과 만났을 때 "우리 친구하자"라고 말한다.

1) 스프라이트/배경 추가하기

(1) penguin과 Hippo1을 추가

1 [스프라이트고르기]에서 penguin과 Hippo1을 추가한 후 각각 펭귄, 히포로 이름을 변경한다.

2 스프라이트 정보창에서 히포의 크기와 펭귄의 크기를 각각 70으로 변경한다.

(2) 무대 배경 정하기

3 무대 배경은 [배경고르기]에서 Arctic을 선택한다.

2) 펭귄 스프라이트를 방향키로 움직이기

펭귄은 오른쪽 방향키를 이용하여 오른쪽으로 움직인다.

오른쪽 방향키가 눌렸는지 확인한 후 "만약" "눌렸다면" 펭귄의 위치를 오른쪽으로 ([x좌표를 (10)만큼 바꾸기] 이동시키는 블록을 작성한다.

1 '펭귄' 스프라이트를 선택한다.

2 펭귄의 위치를 지정한다.

3 [만약 < (오른쪽 화살표) 키를 눌렀는가> 라면]이라는 스크립트를 이용한다.

이때 키는 화살표, 스페이스, 알파벳 등을 선택해 사용할 수 있다.

1 키를 계속 눌러 펭귄을 움직여야 하므로 [무한 반복]을 사용해야 한다.

2 [x좌표를 (10)만큼 바꾸기] 블록을 사용하여 오른쪽 화살표를 누를 때마다 펭귄이 오른쪽으로 10만큼 이동한다.

3) 히포 펭귄 따라가기

(1) 히포가 펭귄 따라가기

히포는 펭귄과 친구가 되고 싶어 펭귄을 향해 펭귄이 움직이는 대로 따라간다.

'히포' 스프라이트를 선택한다.

1 펭귄을 따라가야 하므로 히포의 방향을 [(펭귄) 쪽 보기]로 설정한다.

2 히포는 스스로 움직여야 하므로 [(5)만큼 움직이기] 스크립트를 사용한다.

히포가 펭귄보다 조금 느리게 움직이게 숫자를 조정한다.

3 동작이 계속되어야 하므로 [무한 반복]시킨다.

(2) '히포' 수평 이동시키기

히포 스프라이트의 각도가 조금 틀어져 있으면 앞으로 진행하면서 방향이 바뀌게 된다.
따라서 오직 펭귄 쪽으로만 수평 이동할 수 있도록 설정해야 한다.

(스프라이트 정보창)에서 방향을 '왼쪽/오른쪽'으로 설정한다.

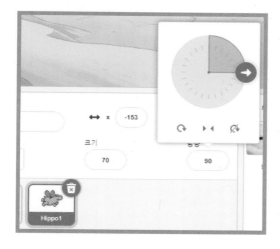

(3) 히포가 "우리 친구하자" 말하기

1 히포가 펭귄에 닿았는지 체크하기 위해 [만약 < (펭귄)에 닿았는가>라면] 스크립트를
사용한다.

2 조건이 참이라면(즉, 히포가 펭귄에 닿았다면) [("우리 친구하자")를 (2)초 동안 말하
기] 스크립트를 사용한다.

3 모든 스크립트를 멈추기 위해 이벤트 블록의 [멈추기 (모두)] 스크립트를 사용한다.

1 만약 Penguin ▼ 에 닿았는가? (이)라면
2 우리 친구하자 을(를) 2 초 동안 말하기
3 멈추기 모두 ▼

4) 모든 스크립트 동시에 실행시키기

[이벤트] 카테고리의 "클릭했을 때" 스크립트를 '펭귄'과 '히포' 각각의 스프라이트의 스크립트 결합 블록 맨 위에 올려놓는다.

실행창 위에 있는 초록 깃발 버튼 ▶️을 클릭하면 실행되어야 하는 결합 블록들의 맨 위에 위치시킨다.

▌완성된 스크립트

펭귄 스크립트

▶️ 클릭했을 때
x: -14 y: -90 (으)로 이동하기
무한 반복하기
　만약 오른쪽 화살표 ▼ 키를 눌렸는가? (이)라면
　　x좌표를 10 만큼 바꾸기

히포 스크립트

```
클릭했을 때
x: -184 y: -94 (으)로 이동하기
무한 반복하기
    Penguin ▼ 쪽 보기
    5 만큼 움직이기
    만약 Penguin ▼ 에 닿았는가? (이)라면
        우리 친구하자 을(를) 2 초 동안 말하기
    멈추기 모두 ▼
```

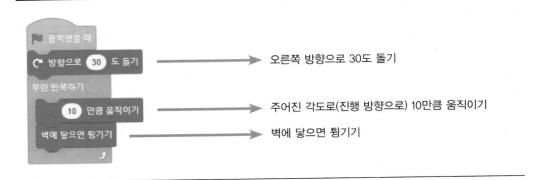

오른쪽 방향으로 30도 돌기

주어진 각도로(진행 방향으로) 10만큼 움직이기

벽에 닿으면 튕기기

x좌표를 (마우스의 x좌표)로 정하기

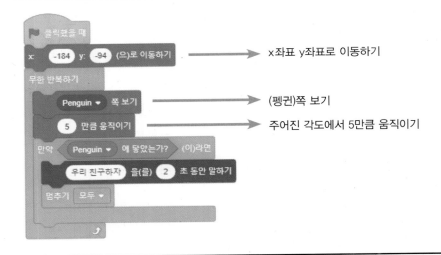

x좌표 y좌표로 이동하기

(펭귄)쪽 보기

주어진 각도에서 5만큼 움직이기

1. 다음 중 한 번의 클릭으로 모든 스크립트를 실행시킬 수 있는 블록은 무엇인가?

    ① 클릭했을 때

    ② 10 만큼 움직이기

    ③ 마우스 포인터 ▾ 에 닿았는가?

    ④ 마우스 포인터 ▾ 쪽 보기

2. 아래 코딩에 대한 설명이 바르지 못한 것은?

    ① 게임은 '초록깃발'을 클릭했을 때 시작된다.

    ② 방향키를 눌러 스프라이트를 움직인다.

    ③ 스프라이트는 10만큼씩 오른쪽으로 움직인다.

    ④ 게임이 시작되면 스프라이트는 전 게임에서 움직였던 위치에서 다시 시작한다.

    ```
    클릭했을 때
    x  -14  y:  -90  (으)로 이동하기
    무한 반복하기
        만약  오른쪽 화살표 ▾ 키를 눌렀는가?  (이)라면
            x좌표를  10  만큼 바꾸기
    ```

3. 다음 그림과 같이 스프라이트를 설정하였다.

    한 번의 클릭으로 왼쪽 스프라이트가 오른쪽으로 이동했다면 어떤 코딩 블록이 적용되었을까?

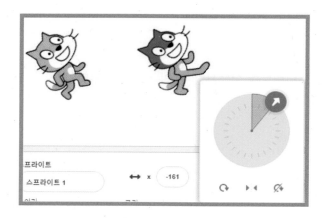

① 100 만큼 움직이기

② x좌표를 100 만큼 바꾸기

③ 무작위 위치 ▼ (으)로 이동하기

④ x: -139 y: -53 (으)로 이동하기

4. 게임을 하면서 [(Paddle)에 닿았는가] 조건을 계속적으로 체크를 하려고 한다. 아래 그림 예시에 있는 블록이 오류 없이 실행되기 위해서 꼭 필요한 블록은 무엇인가?

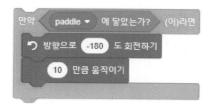

① 클릭했을 때

② 무한 반복하기

③  벽에 닿으면 튕기기

④  1 초 기다리기

해설 조건은 계속 체크를 해야 하기 때문에 [무한 반복하기]블록을 함께 사용해야 한다.

5. 아래 블록들은 공을 패들로 튕기기 게임을 하기 위한 블록들이다. 사용된 스프라이트는 '공', '패들', 'line'이다. 결합 블록들과 코딩된 스프라이트가 바르게 짝지어진 것은 무엇인가?

'공' 스프라이트

'패들' 스프라이트
'라인' 스프라이트

① 'line' 스프라이트

② '공' 스프라이트

③ 'line' 스프라이트

④ '패들' 스프라이트

해설 1번은 공 스프라이트, 3번은 패들 스프라이트, 4번은 공 스프라이트의 블록이다.

6. 다음은 펭귄을 오른쪽 화살표키를 이용해서 오른쪽으로 계속 수평 이동을 시키려고 한다. 다음 결합 블록의 빈칸에 들어갈 알맞은 블록은 무엇인가?

① x좌표를 10 만큼 바꾸기

② 10 만큼 움직이기

③ x: -104 y: -139 (으)로 이동하기

④ x좌표를 -104 (으)로 정하기

해설 스프라이트가 오른쪽으로 수평 이동하기 위해서는 x좌표값만 변경되어야 한다.

7. 아래 블록의 옵션으로 사용할 수 없는 것은 무엇인가?

① 오른쪽 화살표

② a

③ 3

④ 마우스

해설 [(스페이스) 키를 눌렀는가?] 블록은 키보드의 키만 옵션으로 사용할 수 있다.

8. 다음 보기의 블록 중 스프라이트가 x, y좌표값의 위치로 이동하는 속도가 가장 빠른 것은?

① 1 초 동안 x: -104 y: -139 (으)로 이동하기

② 2 초 동안 x: -104 y: -139 (으)로 이동하기

③ 3 초 동안 x: -104 y: -139 (으)로 이동하기

④ 4 초 동안 x: -104 y: -139 (으)로 이동하기

9. 다음 블록의 결과가 다른 블록은 무엇인가?

① 방향으로 180 도 돌기

② 방향으로 -180 도 회전하기

③ -90 도 방향 보기

④ 90 도 방향 보기

10. Ball이 Paddle에 닿았는지를 반복해서 체크해서 만약 닿았다면 Paddle에 맞고 자연스럽게 튕겨 나갈 수 있도록 [(−180)도 돌기] 외에 어떤 블록이 필요한지 빈칸 (1) 블록에 들어갈 알맞은 블록은 무엇인가?

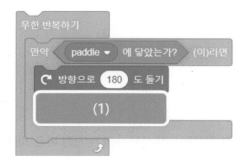

① 10 만큼 움직이기

② 마우스 포인터 ▼ 쪽 보기

③ 무작위 위치 ▼ (으)로 이동하기

④ 90 도 방향 보기

> 해설 패들에 닿으면 공이 회전한 후 회전된 각도대로 자연스럽게 이동해야 한다.

정답 1.① 2.④ 3.② 4.② 5.② 6.① 7.④ 8.① 9.③ 10.①

제어 블록으로
프로그램 알고리즘 이해하기

학습목표

- 제어 블록의 종류와 활용도에 대해 익힐 수 있다.
- 프로그램에 필요한 기본 알고리즘을 익힐 수 있다.
- 반복문과 조건문에 대해 이해할 수 있다.

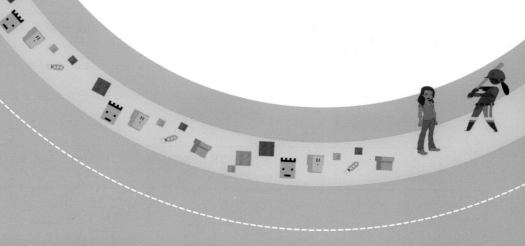

1 ▶ 제어 블록의 종류

[제어 블록]은 주로 스프라이트를 시간으로 제어하거나 횟수를 제한하거나 동작을 멈추게 할 수 있는 블록들이다. 또한 스프라이트를 복제해서 사용할 수 있도록 한다.

[제어 블록]들을 이용해서 단순하게 길게 반복되는 순차문을 간단하게 한 줄짜리 반복문으로 만들 수 있다.

제어 블록의 종류	설명
1 초 기다리기	스프라이트의 진행을 일정 시간 동안 기다리게 한다. 움직임의 속도를 조절할 때 주로 사용한다.
10 번 반복하기	유한반복문 반복문을 정해진 횟수만큼 반복한다.
무한 반복하기	무한반복문 게임을 종료할 때까지 반복문을 무한 반복한다.
만약 (이)라면	조건문 "만약 ~라면"의 조건에 맞으면 블록 안의 실행문을 실행하고 조건에 맞지 않으면 다음 블록을 실행한다.
만약 (이)라면 아니면	"만약 ~라면"의 조건에 맞으면 첫 번째 블록 안의 실행문을 실행하고 그렇지 않으면 "아니면" 아래 실행문을 실행한다.
까지 기다리기	조건이 만족될 때까지 기다리게 하는 기능으로 조건이 참(만족)이 되면 다음 블록을 실행한다.
까지 반복하기	조건반복문 정해진 조건이 만족될 때까지 블록 안의 실행문을 반복한다.
멈추기 모두 ▼	스크립트를 멈추는 기능으로 이 스크립트 또는 모든 스크립트를 멈추게 한다.

제어 블록의 종류	설명
복제되었을 때	스프라이트가 복제되었을 때 같이 결합된 바로 다음 블록들을 진행시킨다.
나 자신 ▼ 복제하기	스프라이트의 복제품을 만든다. 옵션에서 (나 자신) 외에 다른 스프라이트도 선택해서 복제할 수 있다.
이 복제본 삭제하기	복제된 스프라이트를 삭제한다.

2 프로그램 기본 알고리즘 이해하기

1) 알고리즘과 순서도

컴퓨터 프로그래밍에서 문제를 해결하는 여러 가지 방법 중 효율적이라 판단되는 방법을 선택하여 문제를 해결하게 된다. 이러한 문제 해결 절차를 "알고리즘"이라고 한다.

프로그래밍할 때 프로그램의 실행 순서가 잘못되면 프로그램이 제대로 실행되지 않는다.

따라서 프로그램의 실행 순서를 잘 이해하고 문제 해결을 잘 하기 위해서는 알고리즘을 잘 이해해야 한다.

알고리즘을 설계하지 않고 무작정 프로그래밍을 하게 되면 생각하지 못한 곳에서 실행 오류가 발생하게 되고 어디서 오류가 났는지 찾아내는데 많은 시간을 허비하게 된다.

가장 기본적이면서 가장 많이 사용되는 알고리즘으로 순차문, 반복문, 조건문이 있다.

알고리즘을 특수 기호들로 표현한 방식을 '순서도'라 하고 순서도를 이용하면 알고리즘을 직관적으로 볼 수 있어 아이디어의 논리를 세우는데 많은 도움이 된다.

2) 순차문(Sequence)

순차문은 주어진 명령어들이 작성된 순서대로 프로그램이 실행되는 것을 의미한다.

스크래치에서는 블록을 쌓는 방식으로 스크립트를 작성하는데 이 블록이 쌓여 있는 순서대로 실행되는 것을 말한다.

예제 1

"스페이스" 키를 눌렀을 때 스크립트가 시작되어

(1)초 동안 (랜덤 위치)로 이동한 후 모양을 바꾸고

1초간 기다리고

"안녕"을 2초 동안 말한다.

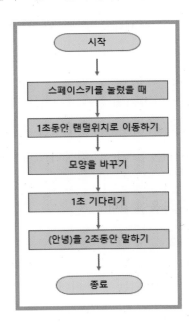

이 스크립트는 블록이 쌓여진 순서대로 실행이 되는 순차문이다.

순서도를 보면 아래와 같다.

3) 반복문(Repetition)

반복문에는 조건에 따라 반복하거나 조건 없이 무한 반복시키는 방법이 있다.

스크립트가 반복되는 부분을 루프(LOOP)라고 한다.

반복문에는 무한히 반복되는 '무한 반복문'과 횟수가 정해져 횟수만큼 반복되는 '유한 반복문'과 조건에 맞는지의 여부에 따라 반복하는 '조건 반복문'이 있다.

각각의 반복문의 종류에 따라 사용하는 블록이 정해져 있다.

무한 반복문

유한 반복문

조건 반복문

1 무한 반복문(Endless Loop)

무한 반복은 루프가 제한 없이 중지 명령이 내려지기까지 계속 반복되는 문장이다.

멈춤 버튼을 만들지 않으면 프로그램을 종료시키지 않는 한 계속 돌기 때문에 무작정 무한 반복문을 사용하는 것은 권장하지 않는다.

예제 2

"초록 깃발" 실행 버튼을 클릭하면

스프라이트를 10만큼 이동하고

1초 기다린 후

벽에 닿으면 튕기게 되고

이를 무한히 반복한다.

순서도를 보면 아래와 같다.

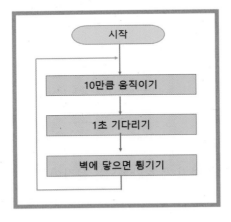

2 유한 반복문(Counting Loop)

유한 반복은 반복하는 횟수가 정해져 있는 반복문이다.

예제 3

"초록 깃발" 실행 버튼을 클릭하면

스프라이트가 시계 방향으로 60도를 돌고

자신의 색깔을 25만큼 바꾸고

1초 기다리기를

6회 반복한다.

순서도를 보면 아래와 같다.

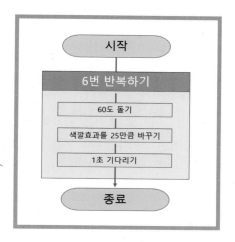

반복 회전과 한 번에 회전하는 것과의 차이

횟수가 정해진 반복문의 경우 반복문을 사용하지 않고도 코딩이 가능하다.

가령, 360도를 돌리면 처음부터 360도를 회전하게 할 수 있다.

그러나 두 스크립트는 움직임에 차이가 있다.

- '36도 회전'을 10번 반복하는 스크립트는 한 번에 36도씩 회전하여 총 360도까지 회전하는 모습이 10번에 나눠서 보인다.

- '360도 회전' 스크립트는 360도를 한 번에 회전하고 제자리로 돌아오지만 컴퓨터의 처리 속도가 빨라 회전을 하고 있는 모습이 거의 보이지 않는다.

즉, 반복문을 사용할지의 여부는 그때그때 프로젝트의 내용에 따라 선택해야 한다.

3 조건 반복문

조건 반복은 조건에 따라 반복문이 실행될지 실행되지 않을지가 결정된다.

조건 반복문은 조건에 만족할 때까지만 반복하는 스크립트이므로 조건을 만족하지 않으면(거짓이면) 반복문을 계속 실행하고 조건에 맞으면(참이면) 더 이상 반복문을 실행하지 않고 루프를 벗어난다.

조건 반복문과 조건문을 혼동해서는 안 된다.

예제 4

스페이스 키를 눌렀는지를 계속적으로 조건 체크를 하다가

스페이스 키를 누를 때까지 계속해서 (10)만큼 움직이고

(0.5)초 기다리다가

스페이스 키를 누르면

색깔 효과를 (25)만큼 바꾼다.

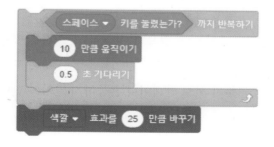

조건 반복문의 순서도

조건 반복문의 순서도를 보면 입력한 조건(스페이스 키를 눌렀는가?)을 따진다.

조건이 만족되지 않으면 반복 실행문(10만큼 움직이기)를 계속 반복적으로 실행한다.

스페이스 키를 누르는 순간 더 이상 반복문을 실행하지 않고 Loop를 빠져나와 다음 문장(색깔 효과를 25만큼 바꾸기)을 수행한다.

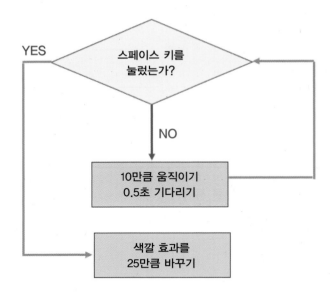

4) 조건문(Selection)

조건문은 주어진 조건에 따라 특정 명령문의 실행 여부를 결정한다.

조건이 맞으면(참이면) 실행문을 실행하고 조건이 맞지 않으면(거짓이면) 조건을 벗어나 다른 명령문을 실행한다.

조건문과 조건 반복문은 조건에 따른 실행 여부가 서로 반대이니 혼동하지 말아야 한다.

(1) 만약 ~ 라면 (If ~ then)

조건문은 조건을 체크해서 조건에 맞으면 조건문 안에 있는 실행문을 실행한 후 조건문을 빠져나가 그 다음에 있는 순차문을 실행하게 된다.

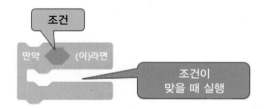

예제 5

만약 오른쪽 화살표 키를 눌렀다면

x좌표를 10만큼 바꾸고

모양을 (모양2)로 바꾼다.

오른쪽 화살표 키가 눌러지지 않았다면

모양을 (모양1)로 바꾼다.

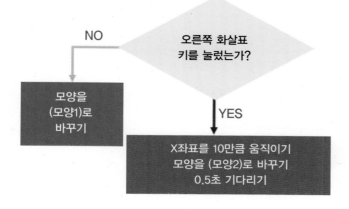

순서도를 보면 아래와 같다.

📝 [조건문]은 [무한 반복문]과 함께 해야 …

게임 코딩에서 주의할 점은 조건문을 사용할 때 게임에서는 주로 조건이 맞는지를 반복해서 체크해야 하므로 [무한 반복문] 블록과 함께 사용하여야 한다.

코딩에서 오류가 나는 많은 이유 중의 하나가 조건문을 무한 반복문과 함께 사용하지 않아 조건 체크를 반복해서 하지 않고 한 번만 하기 때문에 다른 코딩이 완벽해도 게임이 실행되지 않는다.

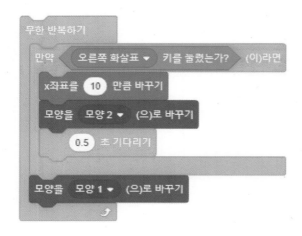

(2) 만약 ~ 이라면 ~ 이 아니면 (If ~then~ else)

조건문에는 조건에 맞으면 실행해야 하는 문장 외에 조건에 맞지 않을 때 실행해야 하는 실행문을 작성하는 방식도 있다.

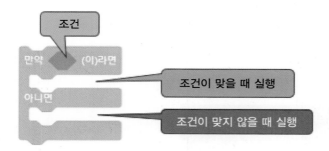

3 눈이 내리네 프로젝트

1) 알고리즘 구상하기

하늘에서 눈이 떨어지고 눈이 하얀 바닥에 닿으면 녹아 없어지는 예제이다.

1 하늘에서 눈이 떨어진다 – 눈은 반복문으로 랜덤하게 계속 떨어지게 한다.

2 눈이 하얀 바닥에 닿으면 사라진다.

조건이 참이면(눈이 하얀 바닥에 닿으면) 실행문(사라지기)을 실행시킨다.

조건이 거짓이면(눈이 하얀 바닥에 닿지 않으면) 실행문(계속 떨어진다)를 실행시킨다.

3 순서도를 보면 아래와 같다.

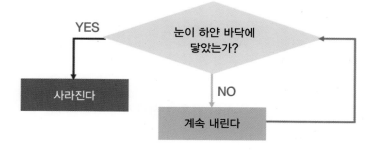

2) 스프라이트 및 무대 설정하기

1 스프라이트는 [스프라이트고르기]에서 "Snowflake"를 선택한 후 이름을 "눈1"로 바꾼다. 크기는 보기좋게 사이즈 조정을 한다.

2 배경은 [배경고르기]을 클릭하여 "slopes"을 선택한다.

3) "눈1" 스프라이트 코딩하기

눈송이가 하나가 아니라 여러 개가 떨어지도록 하기 위해서 '눈1' 스프라이트의 동작 스크립트를 먼저 작성한 후 '눈1' 스프라이트를 복제해서 사용한다.

📝 필요한 블록 모음

눈이 계속 떨어져야 하므로 [무한 반복하기]

눈이 하얀 바닥에 닿지 않으면 계속 떨어져야 하고 닿으면 사라져야 하므로 [만약 ( )라면, 아니면]

눈바닥에 눈이 닿으면 사라져야 하므로 [멈추기 (이스크립트)], [숨기기]

눈이 사라지는 시점을 눈바닥 색깔에 닿을 때이므로 [( )색에 닿았는가?]

조건 블록을 삽입하고 색을 바꾸려면 빈칸 색을 한번 클릭하면 손바닥 모양이 나오고 하단 스포이트로 무대에서 원하는 색상을 클릭하면 된다. (하얀 눈바닥의 떨어지는 위치를 클릭하여 색상을 정한다.)

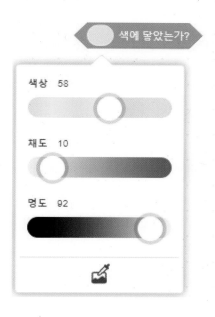

☑ '눈1'의 완성된 코딩

1 눈이 하얀 바닥에 닿게 되면 조건이 참이 되므로 바로 아래 실행문 [(0.5)초 기다리기] 블록이 실행된다. 눈은 0.5초 동안 멈춰서 기다린다. (이 딜레이 타임은 동작을 보여 주기 위해 사용한다)

2 조건이 참이면 눈이 0.5초 동안 멈춰서 있다가 [숨기기] 블록이 실행되면서 눈은 사라 진다.

3 조건이 참이 되면 [이 스크립트 멈추기] 블록으로 무한 반복문을 중지시킨다. 이 스크 립트가 없으면 계속해서 무한 반복된다.

4 조건에 맞지 않으면 눈이 하얀 바닥에 아직 닿지 않았으므로 눈은 계속 내려야 한다.

[y좌표를 (−10)만큼 바꾸기] 블록이 실행되어 눈 스프라이트가 눈 바닥에 닿을 때까 지 반복해서 아래로 10만큼씩 이동한다.

눈이 떨어지는 모습을 보이기 위해 대기 시간(0.5초)을 준다.

5 실행문 중 [숨기기]가 있어 반복문이 끝나고 나면 눈이 사라지기 때문에 프로젝트를 다시 시작할 때는 눈 스프라이트가 나타나야 한다. [보이기] (눈의 초기화)

6 눈이 처음 내리기 시작하는 위치로 눈 스프라이트를 이동시킨다. 4개의 눈 스프라이 트가 모두 같은 위치에 있으면 눈이 하나만 있는 것처럼 보이므로 나중에 복사한 4개

의 눈 스프라이트는 초기 좌표값을 각기 달리해야 한다. (눈의 초기화)

좌표값은 해당 눈 스프라이트를 움직여 놓으면 자동으로 블록에 좌표값이 찍힌다.

7 모든 스프라이트를 동시에 실행시키기 위해서는 [초록 깃발을 클릭했을 때] 시작 블록을 사용한다.

4) '눈' 스프라이트 복제하기

눈이 많이 내리는 상황을 고려해서 눈이 여러 개 있어야 하므로 '눈1' 스프라이트를 복제해야 한다.

스프라이트 정보창에서 '눈1' 스프라이트를 클릭한 후 오른쪽 마우스 버튼을 클릭하여 [복사] 메뉴를 누른다.

스프라이트를 복사하게 되면 스크립트도 함께 복사된다.

5) 복제한 눈 스프라이트 정보 변경하기

🖊 눈의 초기값 변경

1 복제한 눈의 처음 시작하는 초기 위치값을 변경해야 한다.

눈이 여러 위치에서 떨어질 수 있도록 눈의 처음 위치값, 특히 가로값(x좌표)을 차이나게 해야 눈이 자연스럽게 나타난다.

2 또한 눈이 떨어져 녹는 하얀색이 위치마다 다르기 때문에 [(…)색에 닿았는가?] 블록의 하얀색을 변경하기 위해 각각의 눈이 떨어지는 정확한 위치를 다시 클릭해야 한다.

✔ 눈의 떨어지는 속도 조절

눈이 각각 다른 속도로 떨어지게 하려면 y좌표값을 조금씩 다르게 지정해도 좋다.

6) "눈이 내리네" 프로젝트 코딩 완성

눈 스프라이트의 스크립트는 거의 같고 두 군데(눈 각각의 초기 위치값과 떨어지는 속도)만 다르게 지정하면 된다.

(눈1)

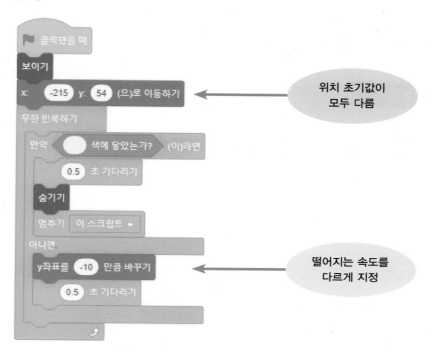

위치 초기값이
모두 다름

떨어지는 속도를
다르게 지정

(눈2)

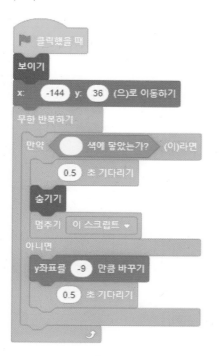

(눈3)

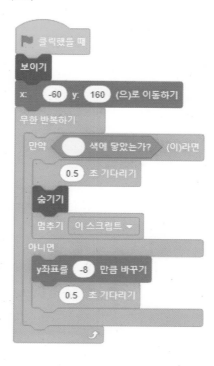

(눈4)

순차문

주어진 명령어들이 작성된 순서대로 실행되는 것을 의미한다.

스크래치에서는 블록을 쌓는 방식으로 스크립트를 작성하는데 이 블록이 쌓여있는 순서대로 실행이 되는 것을 말한다.

반복문

조건에 따라 반복하거나 조건 없이 무한 반복시키는 방법이 있다.

스크립트가 반복되는 부분을 루프(LOOP)라고 한다.

반복문에는 무한히 반복되는 '무한 반복문'과 횟수가 정해져 횟수만큼 반복되는 '유한 반복문'과 조건에 맞는지의 여부에 따라 반복하는 '조건 반복문'이 있다.

조건문

주어진 조건에 따라 특정 명령문의 실행 여부를 결정한다.

조건이 맞으면(참이면) 명령문을 실행하고 조건이 맞지 않으면(거짓이면) 해당 명령문을 실행하지 않거나 다른 명령문을 실행한다.

조건문은 조건을 한 번 체크한 후 더 이상 체크하지 않기 때문에 프로그램이 실행되는 동안 반복해서 조건을 체크하기 위해서는 무한 반복문과 함께 사용해야 한다.

스프라이트 복제

스프라이트를 복사하게 되면 스크립트도 함께 복사된다.

1. 다음 블록 중 반복문에 해당되지 않는 것은?

> **해설** 2번 블록은 조건문 블록이다.

2. 다음 중 아래 조건문 블록의 조건 영역에 들어갈 수 없는 블록은 무엇인가?

③

④

3. 다음 중 아래 순서도에 맞게 코딩된 블록 중 가장 유사한 것은 무엇인가?

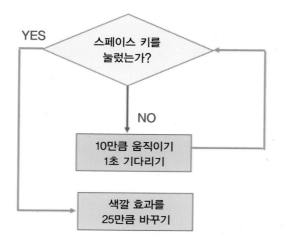

①

②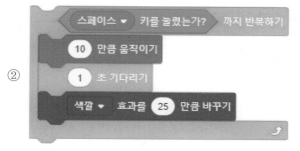

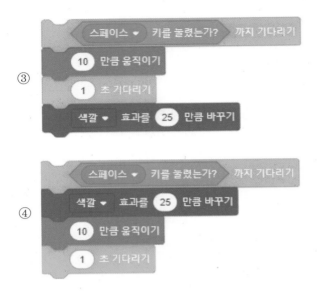

해설 조건이 참일 때와 거짓일 때에 다른 코딩이 되어야 한다.

4. 아래 블록의 활용에 대한 설명이 바르지 못한 것은 무엇인가?

① 조건이 참이 될 때까지 반복한다.

② 조건이 참이면 반복문 밖 실행문이 실행된다.

③ 조건이 거짓이면 반복문 안에 실행문이 실행된다.

④ 횟수로 반복되는 유한 반복문이다.

5. 다음 복제하기 블록의 사용법에 대한 설명이 바르지 않은 것은 무엇인가?

① 해당 스프라이트를 복제한다.

② 다른 스프라이트도 복제할 수 있다.

③ 프로젝트에 추가된 모든 스프라이트들을 복제할 수 있다.

④ 한 번 복제하기를 한 스프라이트는 복제할 수 없다.

6. 아래 순서도 대로 코딩을 하려고 한다. 설명이 맞게 된 것은 무엇인가?

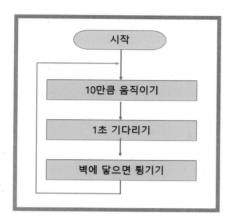

① 유한 반복문을 사용하여야 한다.

② 무한 반복문을 사용하여야 한다.

③ 조건 반복문을 사용하여야 한다.

④ [(…)까지 기다리기]를 사용해야 한다.

7. 눈이 내리네 예제에서 눈이 어떤 색에 닿으면 사라지고 더 이상 내리지 않도록 하기 위한 예제의 일부이다. 빈칸에 들어갈 알맞은 블록은 무엇인가?

①

8. 눈이 하얀 바닥에 닿으면 사라지고 하얀 바닥에 닿지 않으면 계속 아래로 떨어지도록 하기 위한 코딩으로 잘 된 것은 무엇인가?

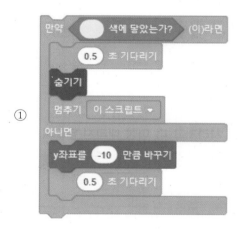

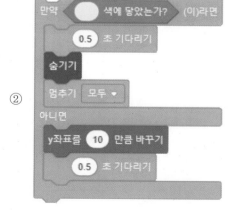

③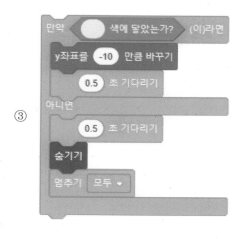

④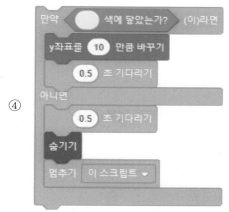

9. 코딩을 실행하기 전 모양과 실행한 후의 모양이 같다. 아래 코딩 중 결과가 다르게 나오는 코딩은 무엇인가?

실행 전

실행 후

10. 스프라이트를 복제해서 사용하는 방법에 대한 설명이 바르지 않은 것은?

① 스프라이트를 복제하면 코딩된 스크립트까지 함께 복사된다.

② 스프라이트를 복제하더라도 코딩된 스크립트는 함께 복사되지 않는다.

③ 복제된 스프라이트는 이름을 바꿔 사용해야 한다.

④ 복제된 스프라이트는 [모양]에서 색상이나 모양을 변경할 수 있다.

형태 블록을 이용한
패션 게임 프로젝트

학습목차

1. 형태 블록 활용하기
2. 형태 블록 그래픽 효과 활용하기
3. 무궁화 꽃이 피었습니다 게임
4. 패션 게임 프로젝트

학습목표

- 형태 블록의 종류와 특징에 대해 알 수 있다.
- 형태 블록을 이용하여 색상이나 모양, 효과 등을 변경시킬 수 있다.
- 다양한 그래픽 효과를 학습할 수 있다.

1   형태 블록 활용하기

형태 블록을 사용하면 스프라이트가 움직일 때 스프라이트의 크기나 색상의 변화를 줄 수 있고 재미있는 말풍선도 만들 수 있다.

1) 형태 블록의 종류

형태 블록의 종류	설명
안녕! 을(를) 2 초 동안 말하기	스프라이트가 하는 말을 말 풍선으로 표현한다. 원하는 내용의 말 풍선이 2초 동안 나왔다가 사라진다.
안녕! 말하기	입력받은 텍스트를 말 풍선으로 표현한다.
음... 을(를) 2 초 동안 생각하기	2초 동안 생각하는 내용을 생각 풍선으로 표현한다.
음... 생각하기	입력받은 생각을 생각 풍선으로 표현한다.
모양을 모양 2 ▾ (으)로 바꾸기	하나의 스프라이트의 모양을 여러 개 만들어 놓고 모양이름으로 다양하게 바꿀 수 있다.
다음 모양으로 바꾸기	스프라이트 모양을 다음 순서에 있는 모양으로 바꿀 수 있다. (모양 이름을 사용하지 않고 정렬된 순서대로 바꾼다.)
맨 앞쪽 ▾ 으로 순서 바꾸기	여러 스프라이트가 겹쳐 보일 때 보이는 순서를 맨(앞쪽/뒤쪽)으로 순서를 바꿀 수 있다.

형태 블록의 종류	설명
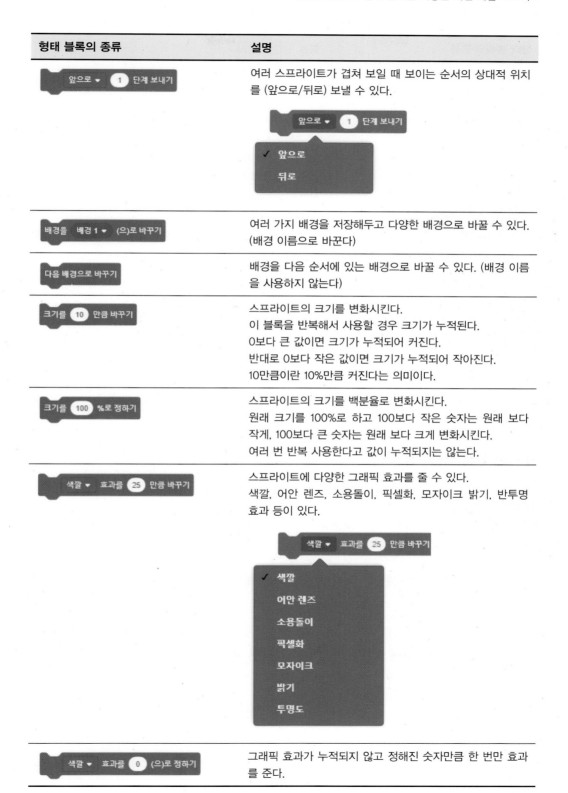	여러 스프라이트가 겹쳐 보일 때 보이는 순서의 상대적 위치를 (앞으로/뒤로) 보낼 수 있다.
	여러 가지 배경을 저장해두고 다양한 배경으로 바꿀 수 있다. (배경 이름으로 바꾼다)
	배경을 다음 순서에 있는 배경으로 바꿀 수 있다. (배경 이름을 사용하지 않는다)
	스프라이트의 크기를 변화시킨다. 이 블록을 반복해서 사용할 경우 크기가 누적된다. 0보다 큰 값이면 크기가 누적되어 커진다. 반대로 0보다 작은 값이면 크기가 누적되어 작아진다. 10만큼이란 10%만큼 커진다는 의미이다.
	스프라이트의 크기를 백분율로 변화시킨다. 원래 크기를 100%로 하고 100보다 작은 숫자는 원래 보다 작게, 100보다 큰 숫자는 원래 보다 크게 변화시킨다. 여러 번 반복 사용한다고 값이 누적되지는 않는다.
	스프라이트에 다양한 그래픽 효과를 줄 수 있다. 색깔, 어안 렌즈, 소용돌이, 픽셀화, 모자이크 밝기, 반투명 효과 등이 있다.
	그래픽 효과가 누적되지 않고 정해진 숫자만큼 한 번만 효과를 준다.

형태 블록의 종류	설명
그래픽 효과 지우기	지금까지 주었던 모든 그래픽 효과를 지우고 스프라이트를 원래의 모습으로 되돌린다.
보이기 숨기기	스프라이트를 보이게 하거나 숨기는 기능이 있다.
모양 이름 ▼ 번호 ✓ 이름	한 스프라이트가 여러 모양을 하고 있을 때 모양의 번호 또는 이름을 갖게 된다. 선택한 스프라이트의 모양 또는 번호를 출력해준다.
배경 번호 ▼ ✓ 번호 이름	여러 배경이 있을 때 사용되는 배경 이름을 출력해준다. 배경 이름은 무대 배경을 바꿀 때 호출하여 사용할 수 있다.
크기	현재 스프라이트의 크기를 출력해준다.

2) 형태 블록 활용 비교

예제 1

모양 바꿔 움직이는 동작 만들기

Batter 스프라이트를 선택한 후 움직이는 동작을 표현하기 위해 모양바꾸기 블록을 이용한다.

Batter는 4가지 모양을 가지고 있어 활용하기 쉽다. 만일 스프라이트가 모양이 다양하지 않을 경우 [모양] 에디터에서 다른 모양을 추가하면 된다. (6장에서 자세히 배움)

모양 바꾸기 코딩 비교	결과 미리보기

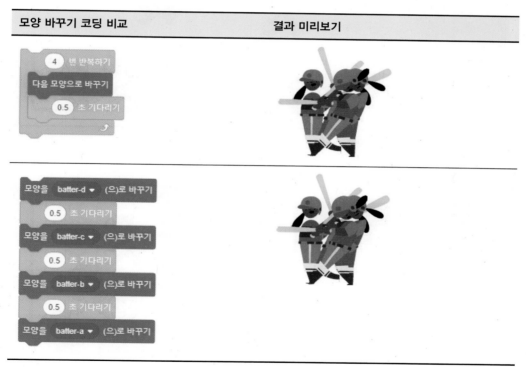

두 예제의 결과는 같다.

그러나 순차문으로 길게 블록을 쌓는 것보다 반복문을 사용한 것이 훨씬 프로그램이 간결하다.

예제 2

색깔 효과 바꾸기

색깔 바꾸기는 색깔을 누적해서 **바꾸는** 방법과 한 번에 하나의 색깔로 **정하는** 방법이 있다.

색깔 ▾ 효과를 25 만큼 바꾸기	**결과 미리보기**

결합 블록이 실행될 때마다 랜덤한 위치로 움직이면서 색깔 효과 숫자들이 누적되어 각각 다른 색깔로 나타난다.

색깔 ▾ 효과를 0 (으)로 정하기	**결과 미리보기**

결합 블록이 실행될 때마다 랜덤한 위치로 움직이면서 색깔효과 숫자는 누적되지 않아 블록이 반복되더라도 색깔이 변하지 않는다.

예제 3

스프라이트 보이는 순서 바꾸기

고양이와 곰 그리고 사과가 겹쳐져서 보여지고 있다.

이때 이름 또는 순서대로 겹쳐 보이는 순서를 바꿀 수 있다.

세 번째에 놓인 고양이를 맨 앞으로 보내보자.

이 블록을 이용하면 한 번에 고양이가 앞으로 나온다.

[뒤로 (1)단계 보내기] 블록을 2번 반복시키면 고양이가 앞으로 나온다.

단계 숫자를 원하는 단계만큼 사용해도 고양이가 앞으로 나온다.

2 형태 블록 그래픽 효과 활용하기

다양한 그래픽 효과

형태 블록의 그래픽 효과는 게임 애니메이션을 제작하는데 아주 유용하게 사용되는 기능 중 하나이다.

하나의 블록 안에 콤보박스가 있어 여러 효과 옵션을 편하게 사용할 수 있다.

그래픽 효과들은 숫자를 이용해서 사용하므로 숫자의 사용 범위나 사용 방법 등을 잘 익혀야 한다.

(1) 색깔 효과

색깔 효과의 경우는 −190부터 190의 숫자 범위 안에서 변경된다.

(2) 어안 렌즈 효과

어안 렌즈 효과는 −100부터 100의 숫자 범위 안에서 변경된다.

숫자가 음수이면 스프라이트를 오목하게 만들고, 숫자가 양수이면 볼록하게 만든다.

음수일 때　　　　　양수일 때

(3) 소용돌이 효과

소용돌이 효과는 −100부터 100의 숫자 범위 안에서 변경된다.

숫자가 양수이면 스프라이트를 왼쪽 방향으로 소용돌이 모양으로 휘게 하고, 숫자가 음수이면 오른쪽 모양으로 소용돌이 모양으로 휘게 만든다.

사과   양수일 때   음수일 때

(4) 픽셀화

픽셀의 숫자가 클수록 픽셀의 크기가 커져서 이미지 확인이 더 어려워진다.

곰   곰(픽셀화: 100)   곰(픽셀화: 200)

(5) 모자이크 효과

모자이크 효과는 스프라이트를 반복해서 여러 개 만들어 주는 효과이기 때문에 숫자가 클수록 모자이크 갯수가 많아지면서 더 작은 이미지로 변환된다.

도넛   도넛(모자이크 : 25)   도넛(모자이크 : 100)

(6) 밝기 효과

숫자가 양수에 가까울수록 명암이 많이 들어가 색이 밝아지다가 숫자가 계속 커지면 보이질 않는다.

숫자가 음수에 가까울수록 명암이 빠지면서 색이 어두어지고 나중에는 검정으로 변한다.

사과　　　　사과(밝기 : 50)　　사과(밝기 : −50)　사과(밝기 : −100)

(7) 투명도 효과

투명도 효과는 음수는 변화가 없고 양수일 때 숫자가 커지면서 점점 투명해진다.

숫자가 클수록 투명 효과는 더 좋아져서 숫자가 100이 되면 이미지가 투명해서 보이지 않는다.

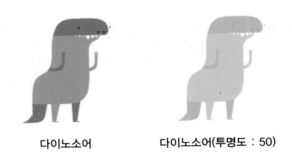

다이노소어　　　　다이노소어(투명도 : 50)

❸ **"무궁화 꽃이 피었습니다."**

술래가 "무궁화 꽃이 피었습니다"를 말하는 동안에는 움직이다가

술래가 보는 순간 스페이스 키를 눌러 게이머 동작을 멈추는 게임이다.

🎮 술래 스프라이트 코딩

술래는 두 가지 모양을 갖고 있는 스프라이트이고 자동으로 일정 간격으로 돌아서서 "무궁화꽃이 피었습니다"를 말한다.

이때 술래의 모양도 돌아서는 동작으로 같이 바뀐다.

🎮 게이머 스프라이트 코딩

게임을 하는 사람은 2만큼씩 걸어가다가 술래가 뒤를 돌아볼 때 스페이스 키를 누를 때만 3초간 정지한다.

```
만약 스페이스 ▼ 키를 눌렀는가?  (이)라면
    3 초 기다리기
아니면
    x좌표를 2 만큼 바꾸기
```

완성된 코딩

〈술래〉

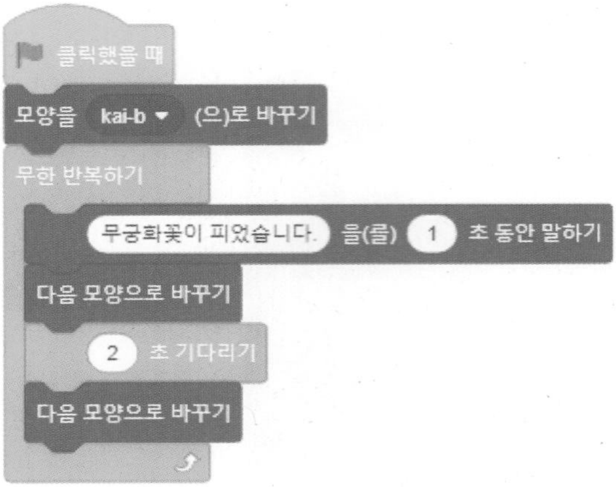

〈게이머〉

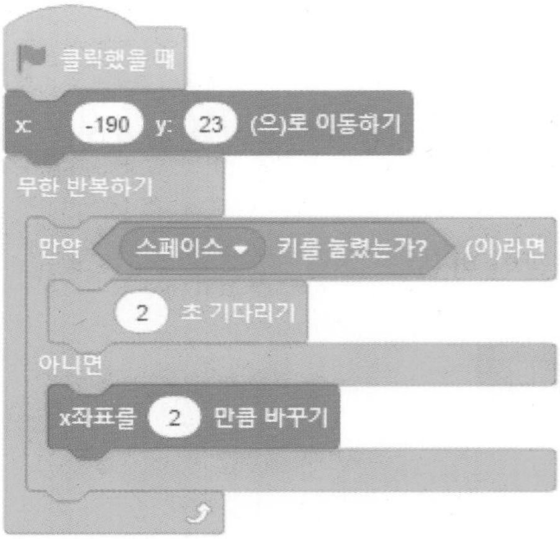

4 패션 게임 프로젝트 1

패션 게임 프로젝트는 마우스로 드래그를 해서 Ruby에게 옷을 입히는 게임이다.

① 옷을 마우스로 클릭할 때마다 옷 색상이 계속 변하도록 한다.

② 옷을 마우스로 드래그해서 Ruby 몸에 갖다 대면 옷이 몸에 붙는다.(Drag&Drop)

1) 스프라이트/배경 선택하기

Ruby, Shirt, Pants, Winter Hat, shoes 스프라이트를 [스프라이트고르기]에서 선택한다.
배경은 spotlight stage를 선택한다.

2) Shirt 스프라이트 코딩하기

(1) Shirt 위치 잡기

셔츠를 원하는 위치에 위치시킨다.

셔츠를 움직이면 x, y 좌표값이 같이 움직이므로 원하는 위치에 셔츠를 놓고 그때의 x,y 좌표값을 그대로 사용하면 된다.

(2) Shirt 마우스로 드래그하기

셔츠가 Ruby의 몸에 닿았을 때와 닿지 않았을 때로 구분하여 실행이 되어야 하므로 [if ~ then ~ else] 조건문 이벤트 블록을 사용한다.

셔츠가 Ruby의 몸에 닿았는지 체크하도록 <( )에 닿았는가?> 감지 블록을 사용한다.

조건이 참이면(셔츠가 Ruby의 몸에 닿았다면) 셔츠를 Ruby의 몸의 적절한 위치에 놓이도록 한다. (위치를 주지 않으면 셔츠가 Ruby의 몸 아무 곳이나 놓일 수 있다.)

Ruby의 몸에 닿지 않은 채 드롭을 시키면 원래 디스플레이되어 있던 자리로 가도록 한다.

   위의 조건을 계속 체크 해야 하므로 무한 반복문을 사용한다.

(3) Shirt 색깔 바꾸기

마우스로 셔츠를 클릭할 때마다 셔츠의 색상을 바꿔서 바지와 색상을 매치시킬 수 있도록 한다.

셔츠를 클릭했을 때 이벤트가 발생하도록 [이 스프라이트를 클릭했을 때] 이벤트 블록을 사용한다.

색깔 효과를 계속 바꿀 수 있도록 [(색깔) 효과를 (25)만큼 바꾸기] 형태 블록을 사용한다.

게임 중 계속 색깔이 바뀌었기 때문에 다시 게임이 시작될 때는 그래픽 효과를 지워야 한다.

(4) Shirt 코딩 완성

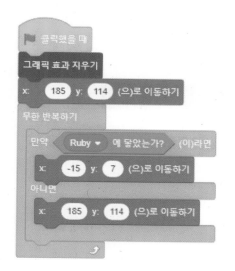

3) 나머지 아이템들의 스크립트 작성하기

나머지 옷 입히기 아이템들은 Shirt 스크립트를 모두 복사하여 사용한다.

다만, 각 스프라이트들의 원래 **디스플레이되어 있는 위치값**과 Ruby의 **몸에 닿았을 때의 위치값**만 각각 다르게 지정하면 된다.

복사할 스크립트 블록을 붙여넣기 할 스프라이트로 이동한다. (Click & Drag)

마우스 포인터가 [스프라이트 정보창]에 있는 붙여넣기 할 스프라이트에 닿을 때 '드롭' 시켜야 한다. (Drop)

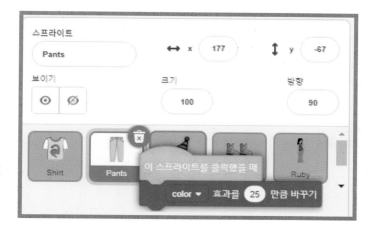

4) Pants 스프라이트 코딩하기

게임이 시작할 때 Pants의 처음의 위치값과 Ruby의 몸에 붙을 위치값만 다르다.

5) WinterHat 스프라이트 코딩하기

게임이 시작할 때 WinterHat의 처음의 위치값과 Ruby의 몸에 붙을 위치값만 다르다.

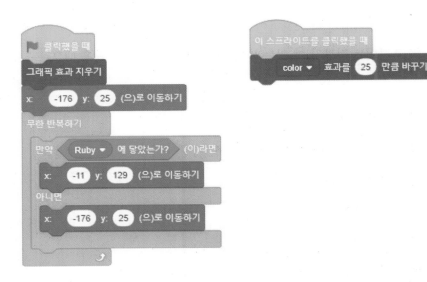

6) Shoes 스프라이트 코딩하기

게임이 시작할 때 Shoes의 처음의 위치값과 Ruby의 몸에 붙을 위치값만 다르다.

Shoes의 경우 프로그램에서 제공된 아이템이 여러 모양을 하고 있어서 색깔이 아니라 모양을 바꾸는 블록을 사용한다.

학습
정리

모양을 모양2 ▼ (으)로 바꾸기	스프라이트의 모양이 여러 개일 때 스프라이트의 모양을 다양하게 바꿀 수 있다.

다음 모양으로 바꾸기	스프라이트 모양을 다음 순서에 있는 모양으로 바꿀 수 있다.

맨 앞쪽 ▼ 으로 순서 바꾸기	여러 스프라이트의 모양이 겹쳐질 때 보이는 순서를 맨 (앞쪽/뒤쪽)으로 순서를 바꿀 수 있다.

앞으로 ▼ 1 단계 보내기	여러 스프라이트의 모양이 겹쳐질 때 보이는 순서의 상대적 위치를 (앞으로/뒤로) 보낼 수 있다.

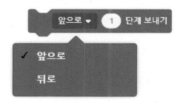

배경을 배경1 ▼ (으)로 바꾸기	여러 가지 배경을 준비해놓고 다양한 배경으로 바꿀 수 있다.

1. 다음 [1번 블록]을 실행시켰을 때와 같은 결과를 얻기 위해서 [2번 블록]의 빈칸에 어떤 숫자를 입력해야 하는가?

[1번 블록]   [2번 블록]

2. 화살표 스프라이트를 클릭하면 다음 배경 장면으로 넘어가도록 하려고 한다. 맞는 스크립트 블록은 무엇인가?

3. 다음 블록은 스프라이트가 거리를 걷다가 집에 도착하는 스토리보드로 스페이스키를 누르면 배경이 거리에서 집으로 바뀌는 코딩이다. 아래 미완성인 코딩이 완성되기 위해 필요한 블록은 무엇인가?

①

②

③

④

4. 바나나, 사과, 풍선 스프라이트가 왼쪽과 같이 겹쳐서 보여지고 있다. 이때 오른쪽 그림처럼 풍선을 맨 앞쪽으로 보이게 하기 위해 풍선 스프라이트에 필요한 블록은 무엇인가?

① 다음 모양으로 바꾸기

② 맨 앞쪽 ▼ 으로 순서 바꾸기

③ 앞으로 ▼ 1 단계 보내기

④ 모양을 balloon1-c ▼ (으)로 바꾸기

5. 다음 중 어안렌즈 효과를 사용하는 방법이 잘못된 것은 무엇인가?

① 어안렌즈 효과는 −100부터 100의 숫자 범위 안에서 변경된다.

② 숫자가 음수이면 스프라이트를 오목하게 만든다.

③ 숫자가 양수이면 볼록하게 만든다.

④ 어안렌즈 효과는 [그래픽 효과 지우기]로 지울 수는 없다.

6. 형태 블록의 그래픽 효과 중 바나나가 아래 그림처럼 효과가 적용되었다. 설명이 바르지 못한 것은 무엇인가?

① 어안렌즈 효과가 적용되었다.

② 소용돌이 효과가 적용되었다.

③ 모자이크 효과가 적용되었다.

④ 픽셀화 효과가 적용되었다.

7. 아래 두 개의 그림은 그래픽 효과가 적용된 것이다. 설명이 바르게 된 것을 모두 고르시오.

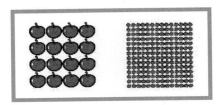

① 모자이크 효과가 적용되었다.

② 픽셀화 효과가 적용되었다.

③ 왼쪽의 효과 값이 더 크다.

④ 오른쪽의 효과 값이 더 크다.

8. 셔츠를 클릭했을 때 색깔이 바뀌도록 하기 위한 코딩이 바르게 된 것은 무엇인가?

9. Ruby에게 옷을 입혀보는 게임이다. 옷을 드래그해서 Ruby의 몸에 부착시키려고 한다. 옷이 Ruby의 몸에 닿으면 정해진 위치로 가고 안 닿으면 다시 옷이 있던 원래의 위치로 간다. 아래 옷 코딩 블록의 육각형 빈칸의 조건에 들어갈 알맞은 블록은 무엇인가?

① 마우스 포인터 ▼ 에 닿았는가?

② Ruby ▼ 에 닿았는가?

③ 벽 ▼ 에 닿았는가?

④ 마우스를 클릭했는가?

10. Ruby에게 옷을 입혀보는 게임이다. 옷을 드래그해서 Ruby의 몸에 부착시키려고 한다. 옷이 Ruby의 몸에 닿으면 정해진 위치로 가고 안 닿으면 다시 옷이 있던 원래의 위치로 간다.

이때 옷의 코딩 블록에 대한 설명이 바르게 된 것은 무엇인가?

① (1)은 Ruby의 위치이다.
② (1)는 옷의 원래의 위치이다.
③ (2)은 옷의 원래의 위치이다.
④ (2)는 Ruby의 위치이다.

이미지 에디터 활용과 장애물 게임

학습목표

- 이미지 에디터에서 벡터, 비트맵 이미지를 수정 및 제작할 수 있다.
- 나만의 스프라이트를 제작하여 게임에 활용할 수 있다.
- 스프라이트의 다양한 회전 방식에 대해 학습할 수 있다.

1 ▶ 이미지 에디터 활용하기

이미지 에디터는 [모양] 탭을 클릭하면 나타난다.

스크래치로 애니메이션 코딩을 할 때 스프라이트나 무대 배경을 저장소에서 가져와 사용하는 것은 창의력에 한계가 있을 수 있다.

블록 코딩의 창의력을 높이고 독특한 나만의 게임 작성을 위해서 스크래치에서 제공하는 이미지 에디터에서 이미지를 직접 자신이 새로 제작하거나 프로젝트에서 필요한 텍스트는 이미지 에디터에서 제작해서 사용한다.

이미지 에디터를 사용하는 방법에는 두 가지 모드가 있다.

비트맵 모드와 벡터 모드이다.

비트맵 모드와 벡터 모드 각각에서 사용하는 툴 방식이 다르므로 비트맵과 벡터의 차이를 잘 알고 목적에 맞게 사용해야 한다.

1) 비트맵과 벡터의 차이

☑ 비트맵은

픽셀 단위로 그림을 그린다.

그림의 외곽선이 부드럽지 않을 수 있다.

비트맵 그림은 쉽게 수정할 수가 없다.

☑ 벡터는

벡터는 점과 점 사이의 거리를 방정식으로 계산하여 그려준다.

그림의 외곽선이 부드럽다.

베지어 곡선을 이용해 쉽게 수정이 가능하다.

[비트맵과 벡터의 비교]

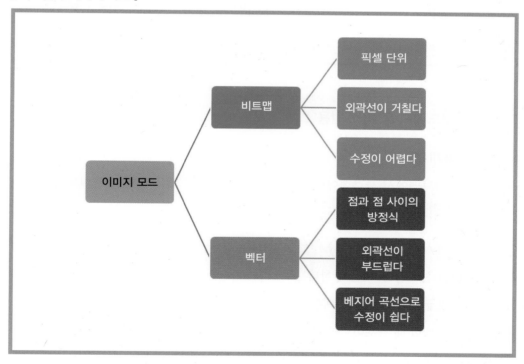

2) 비트맵 모드 툴 박스의 종류

팔레트	툴 명	설명
	붓	자유롭게 선을 그린다.
	선	직선을 그린다.
	직사각형	사각형을 그린다.
	원	원을 그린다.
	텍스트	텍스트를 입력한다.
	채우기색	단일 폐곡선으로 이루어진 영역을 칠한다.
	지우기	브러시 타입으로 드래그하면서 원하는 부분만 지워나갈 수 있다.
	선택	이미지를 사각 영역으로 선택하여 여러 가지 활용이 가능하다.

3) 비트맵 모드에서 툴 박스 활용

✓ 원형 그리기(●)

일반적으로 비트맵에서 사각형이나 원형같은 도형을 그릴 때는 툴박스를 먼저 선택하여 색을 바꾼 후 적용한다.

1 툴 박스에서 [원]을 선택한다.

2 채우기를 선택한 후 색을 정한다.

3 윤곽선의 굵기를 숫자로 선택한 후 색상을 선택한다.

4 색상을 선택할 때 스포이드 도구(✐)를 사용하여 원하는 색상을 택할 수도 있다.

5 원을 그릴 때 Shift키를 동시에 누르면 정원을 그릴 수 있다.

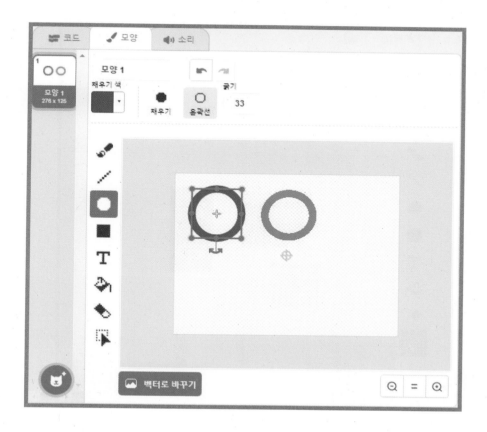

✍️ 직사각형 그리기(■)

1 툴 박스에서 [직사각형]을 선택한다.

2 채우기를 선택한 후 색을 정한다.

3 윤곽선의 굵기를 숫자로 선택한 후 색상을 선택한다.

4 직사각형을 그릴 때 Shift키를 동시에 누르면 정사각형을 그릴 수 있다.

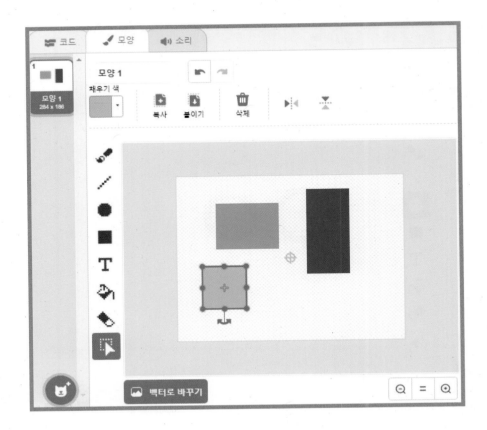

📝 텍스트 입력하기(**T**)

1 비트맵 텍스트 도구를 선택한다.

2 폰트를 선택한다.

3 색상을 선택한다.

4 텍스트의 크기는 먼저 내용을 입력한 후 나중에 크기를 조절한다.

5 비트맵 모드에서 텍스트가 완성이 된 이후에는 색상이나 폰트를 변경할 수가 없다.
선택 도구로 완성된 텍스트를 드래그로 감싸서 선택한 후 사이즈를 변경할 수는 있다.

🖊 채우기색(🪣)

채우기색 도구는 한 번의 클릭으로 하나의 폐곡선을 칠한다.

폐곡선이란 끊어지지 않고 선이 하나로 연결되어 이루는 도형이다.

1 색칠하기는 세로, 가로, 원형 형태의 그라데이션 등으로 선택해서 칠할 수 있다.

2 색상을 선택할 때 스포이드 도구(🖊)를 사용하여 원하는 색상을 택할 수도 있다.

색상, 채도, 명도를 사용하여 색깔을 만들 수 있다.

🖊 지우개(🧽)

지우개의 크기는 브러시의 굵기로 정한다.

1 지우개 툴을 선택한다.

2 브러시의 굵기를 정한다.

3 마우스를 클릭한 채로 드래그하면서 지운다.

📝 선택하기()

마우스로 드래그하면서 사각형 타입으로 일정 부분을 선택할 수 있다.

선택된 부분은 사이즈 조절, 복사, 삭제 등의 기능과 함께 사용된다.

4) 벡터 모드 툴박스

벡터에서 사용할 수 있는 도구들은 아래 표와 같다.

벡터 모드로 전환하기 위해서는 화면 아래 [벡터로 바꾸기] 버튼을 클릭하면 된다.

벡터 도구	도구 명	설명
	선택하기	클릭하거나 드래그하면서 스프라이트를 부분 또는 전체 선택할 수 있다. 선택한 후 복사나 이동, 삭제, 그룹화, 순서바꾸기가 가능하다.
	형태고치기	벡터에서만 가능한 기능으로 클릭하면 여러 개의 변곡점이 생겨 드래그하면서 형태를 바꿀 수 있다.
	붓	브러시 사이즈를 조절하면서 얇게 또는 굵게 그림을 그릴 수 있다.
	지우개	브러시 사이즈를 조절하면서 얇게 또는 굵게 드래그하면서 이미지를 지울 수 있다.
	채우기색	단일 폐곡선으로 이루어진 영역을 칠할 수 있다.
	텍스트	텍스트를 입력할 수 있다.
	선	직선을 사용하여 다양한 도형을 만들 수 있다.
	원	원을 그릴 수 있고 Shift 키를 함께 사용하여 정원을 그릴 수 있다.
	사각형	사각형을 그릴 수 있고 Shift 키를 동시에 누르면 정사각형을 그릴 수 있다.

5) 벡터 모드에서 툴 박스 활용

형태고치기(　)

[형태고치기] 도구는 벡터만의 전형적인 도구이다. 이 도구를 잘 익히면 벡터에서 그림 그리기가 즐거워진다.

1 [형태고치기] 도구를 선택한다.

2 도형에 여러 변곡점이 생긴다.

3 선과 점을 클릭 & 드래그하면서 모양을 마음대로 변형시킨다.

〈형태고치기 변경 전〉

[형태고치기] 툴로 부분 선택을 한 후 색상이나 모형을 변경할 수 있다.

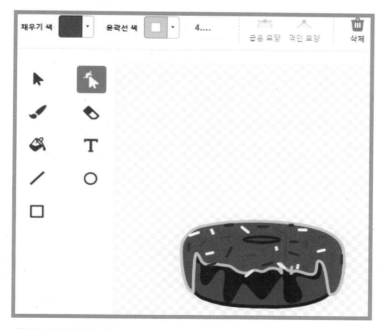

〈형태고치기 변경 후〉

☑ 사각형 그리기(☐)

벡터 모드에서는 사각형 그림을 그린 후에도 후에 편집이 가능하다.

1 [사각형] 도구를 선택한다.

2 드래그해서 사각형을 그린다.

3 사각형을 그린 후 [형태고치기]로 사이즈나 모양 등을 변경할 수 있고 모양 외에도 윤곽선, 채우기 색 등을 모두 변경할 수 있다.

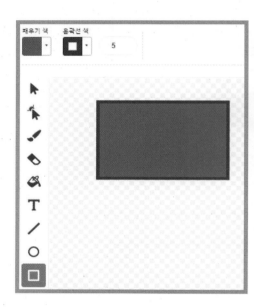 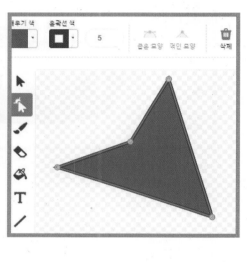

☑ 텍스트 입력하기(T)

벡터에서 텍스트 입력은 비트맵에 비해 편집이 용이하다.

텍스트를 입력한 후에도 단순히 텍스트를 더블 클릭해서 선택한 후 폰트나 색상, 사이즈, 텍스트 내용 등을 나중에 수정할 수 있다.

〈수정 전 텍스트〉

〈수정 후 텍스트〉

6) 이미지 중심점 잡기

게임이나 애니메이션에서는 도형을 회전시키는 일이 많이 있다.

도형은 도형의 중심점을 기준으로 회전하기 때문에 도형을 회전시킬 때는 반드시 도형의 중심점을 정확히 해야 한다.

도형을 각도로 회전시킬 때 중심점이 다르면 원하는 회전 모양이 안나오기 때문이다.

아래 이미지를 보면 회전의 중심점이 다르기 때문에 회전을 시켰을 때 다른 모양이 나온다.

회전하기뿐만 아니라 좌표값으로 움직이게 하는 경우에도 좌표값을 인식하는 시작점은 도형이나 스프라이트의 중심점이기 때문에 '중심점 잡기'는 아주 중요하다.

예제 1

나비가 60도씩 6번 회전하고 한번 회전할 때마다 자신을 복제하고 색깔을 바꾼다.

```
6 번 반복하기
방향으로 60 도 돌기
나 자신 ▾ 복제하기
색깔 ▾ 효과를 25 만큼 바꾸기
```

▌ 결과 미리보기

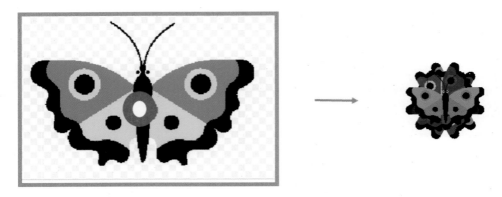

〈중심이 가운데 있을 때〉

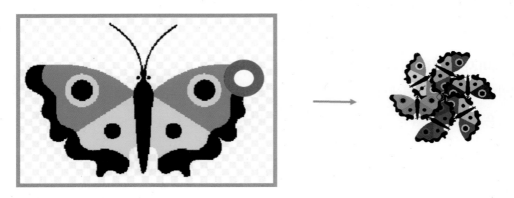

〈중심이 외곽에 있을 때〉

✏️ 선 그리기(✏️)

직선을 그릴 수 있다.

Shift 키를 함께 사용하면 똑바로 선을 그을 수 있어 다각형을 그리기 쉽다.

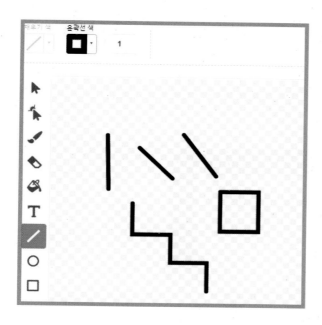

7) 이미지 파일 내컴퓨터에 저장하기

이미지 에디터에서 그린 도형이나 스프라이트를 다음에 재사용하기 위해서 스프라이트 파일로 저장할 수 있다.

1 이미지 에디터 [모양] 그리기에서 그림을 그린다.

2 왼쪽 스프라이트 정보창에서 오른쪽 마우스를 클릭해 [내보내기]를 클릭한다.

3 스프라이트를 이름을 쓰고 [저장]한다.

4 파일 이름만 정하면 자동으로 "스프라이트이름.svg"로 포맷이 정해진다.

5 저장된 스프라이트는 [스프라이트 업로드하기]에서 불러올 수 있다.

2 장애물 건너기 게임_타이머

1) 게임 스토리보드

1 경주자동차가 군중들이 있는 곳까지 간다.

2 경주자동차를 키보드의 좌우 화살표로 위, 아래, 좌, 우로 이동시킬 수 있다.

3 경주자동차가 지나가는 길목마다 장애물이 있어 장애물을 잘 지나갈 수 있도록 키보드의 좌우 화살표로 위, 아래, 좌, 우로 경주자동차 스프라이트를 회전시키면서 지나간다.

4 게임의 규칙은 경주자동차가 벽에 부딪치거나 장애물에 부딪치면 다시 원래 위치로 돌아간다.

5 경주자동차가 장애물을 넘어 군중들에게까지 가는 시간을 타이머로 잴 수 있다.

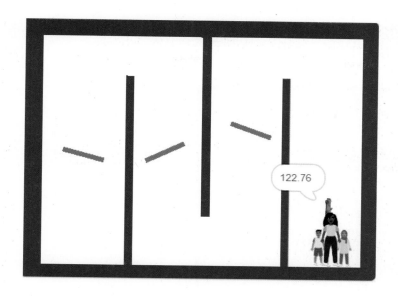

2) 새 배경 및 장애물 그리기

미로 배경은 무대 정보창에서 무대를 클릭한 후 이미지 에디터 [배경]에서 비트맵의 직사
각형 도구를 이용하여 그린다.

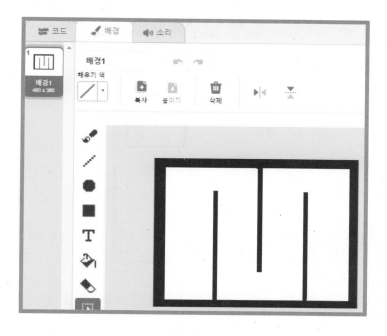

장애물1은 직사각형 도구를 이용하여 적당한 사이즈로 그린다. 단, 장애물은 회전을 해야 하므로 정확히 중심점을 기준으로 그려야 한다.

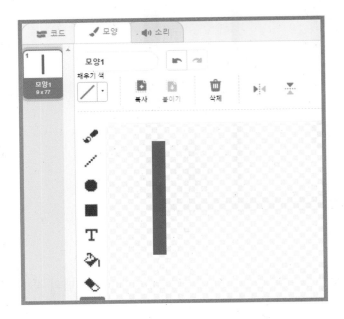

나머지 장애물은 장애물1을 그린 후 복사해서 장애물2, 장애물3을 만든다.

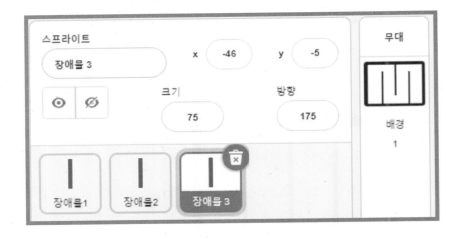

3) 스프라이트 추가하기

자동차를 추가하기 위해 [스프라이트 고르기]에서 Convertible2를 선택한다.

군중1을 추가하기 위해 [스프라이트 고르기]에서 Characters2를 선택한 후 이름을 '군중1'로 바꾼다.

군중1을 복사하여 군중2, 군중3을 만든다.

복사한 군중2를 선택한 후 이미지 에디터 [모양]에서 다른 모양으로 바꿔준다.

복사한 군중3를 선택한 후 이미지 에디터 [모양]에서 다른 모양으로 바꿔준다.

각 스프라이트의 크기를 [스프라이트 정보창]에서 적당히 바꿔준다.

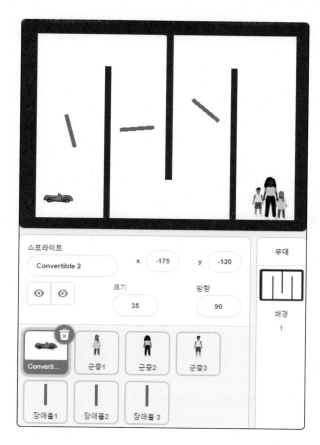

4) 경주자동차 코딩하기

(1) 경주자동차_닿았는가?

1 경주자동차는 미로, 장애물, 그리고 군중에 닿았는지를 계속 체크하는 게 중요하다.

미로는 파란색 벽, 장애물은 분홍색으로 되어 있으므로 각각의 [(…)색에 닿았는가?] 블록을 이용하여 조건문의 조건으로 삽입한 후 조건을 계속 체크하도록 조건문을 [무한 반복]시킨다.

색깔을 지정할 때는 스포이드 도구로 미로와 장애물을 직접 클릭해서 정확한 색을 택한다.

2 만일 각각의 색에 닿았다면(장애물에 닿았거나 벽에 닿았다면) 경주자동차는 무조건 원위치로 돌아가야 한다.

3 경주자동차는 회전하면서 장애물을 통과해야 하므로 스프라이트 정보창에서 '회전하기'로 되어 있는지 다시 한번 확인한다.

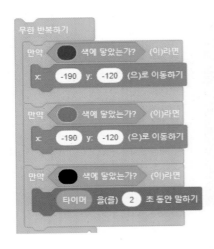

파란색은 미로 벽 색깔

벽에 닿으면 다시 원위치

핑크는 장애물 색깔

장애물에 닿으면 다시 원위치

군중 색깔(한 군중의 색깔을 특정)

군중에 닿으면 시간을 2초 동안 말하기

여러 스프라이트가 등장하는 프로젝트 코딩을 할 때에는 어떤 스프라이트를 선택하고 스크립트 블록 코딩을 하느냐가 중요하다. 등장하는 스프라이트가 많아질수록 코딩 전 해당 스프라이트를 확인해야 한다.

(2) 경주자동차_움직이기
경주자동차의 모양은 경주자동차 스프라이트 정보창에 회전 방식에 따라 다르게 움직이므로 회전 방식을 '회전하기'로 설정해야 한다.

1 경주자동차를 움직이기 위해서 [(스페이스)키를 눌렀는가?] 블록을 이용한다.

아래 표에서와 같이 모두 4개의 조건문 블록을 만들고 (스페이스) 대신 해당되는 방향 화살표를 선택한다.

2 가령, 오른쪽 화살표 키를 눌렀다면 경주자동차를 오른쪽으로 이동시키기 위해서 [(90)도 방향보기]와 [(5)만큼 움직이기] 블록을 실행문 안에 순서대로 쌓는다.

3 다른 화살표 방향키도 같은 방식으로 화살표 방향과 그 방향에 맞는 각도를 설정해 준다.

4 각각의 방향키를 클릭했을 때 경주자동차 모양이 어떻게 변하는지도 잘 관찰한다.

키보드	스크립트
오른쪽 화살표	만약 〈 오른쪽 화살표 ▼ 키를 눌렀는가? 〉 (이)라면 90 도 방향 보기 5 만큼 움직이기 [90도 방향]보고 (5)만큼 이동
왼쪽 화살표	만약 〈 왼쪽 화살표 ▼ 키를 눌렀는가? 〉 (이)라면 -90 도 방향 보기 5 만큼 움직이기 [(−90)도 방향]보고 (5)만큼 이동
위쪽 화살표	만약 〈 위쪽 화살표 ▼ 키를 눌렀는가? 〉 (이)라면 0 도 방향 보기 5 만큼 움직이기 [(0)도 방향]보고 (5)만큼 이동
아래쪽 화살표	만약 〈 아래쪽 화살표 ▼ 키를 눌렀는가? 〉 (이)라면 180 도 방향 보기 5 만큼 움직이기 [(180)도 방향]보고 (5)만큼 이동

왼쪽 화살표 – 왼쪽으로 돌기(−90도)
오른쪽 화살표 – 오른쪽으로 돌기(90도)
위쪽 화살표 – 위쪽으로 돌기(0도)
아래쪽 화살표 – 아래쪽으로 돌기(180도)

(3) 경주자동차 원위치시키기

경주자동차의 게임 시작할 때의 원위치를 잡는다.

게임이 시작되면 [타이머 초기화]를 작동시킨다.

(4) 장애물_회전시키기

장애물은 각각 회전 속도와 도는 방향을 달리하면서 게임의 난이도를 높일 수 있다.

장애물을 제대로 회전시키기 위해서는 두 가지 옵션을 설정해야 한다.

▎두 가지 옵션 설정

장애물의 회전의 중심점을 가운데로 잡아야 한다.

장애물 스프라이트 정보창에서 회전 방식이 '회전하기'로 되어 있어야 한다.

▎장애물1

왼쪽으로 15도 돌기

▎장애물2

왼쪽으로 20도 돌기

방향은 같으나 각도가 더 커서 회전 속도가 더 빠르게 진행된다.

▌**장애물3**

오른쪽으로 25도 돌기

블록의 회전 방향은 같으나 음수이므로 반대 방향인 오른쪽으로 25도 회전한다.

5) 스크립트 모두 보기

(경주자동차_코딩 완성)

(장애물1_ 코딩 완성)

(장애물2_ 코딩 완성)

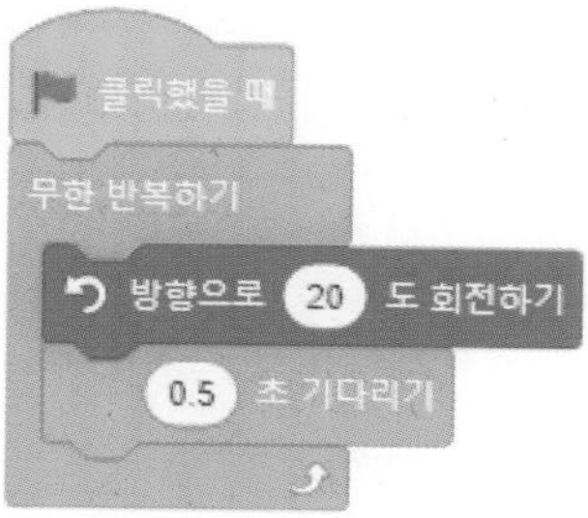

(장애물3_ 코딩 완성)

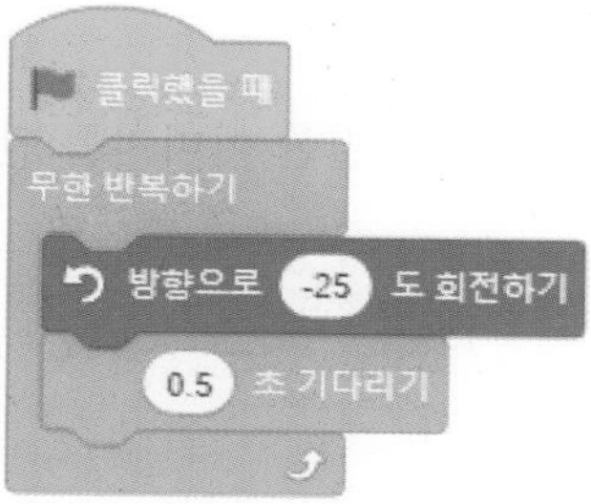

비트맵

비트맵은 픽셀 단위 그림의 외곽선이 부드럽지 않다.

비트맵에서 그린 그림은 수정할 수가 없다.

벡터

벡터 모드는 점과 점 사이의 선을 수학 방정식을 계산하는 방식으로 그리기 때문에 외곽선이 부드럽다.

벡터는 점 편집을 할 수 있고 선을 자유자재로 변경할 수 있어 디테일한 이미지를 만들 수 있다.

스프라이트 파일 내컴퓨터에 저장하기

이미지 에디터에서 작성한 스프라이트를 파일로 내컴퓨터에 저장할 수 있다.

스프라이트이름.svg 형식으로 저장된다.

이미지 중심점 잡기

도형을 회전시킬 때는 도형의 중심점을 정확히 해야 원하는 회전 모양이 나온다.

좌표값으로 움직이게 하는 경우에도 좌표값을 인식하는 시작점은 도형이나 스프라이트의 중심점이 된다.

1. 이미지 에디터에서 모드 편집의 특징이 다른 하나는 무엇인가?

① 클릭하면서 모양을 다양하게 변경할 수 있다.

② 이미지 사이즈를 크게 확대해도 이미지 해상도는 변화가 없다.

③ 그림을 완성한 후에는 그림의 모양을 자유롭게 변경할 수 없다.

④ 외각선이 부드럽게 그려진다.

2. 다음 중 비트맵 모드에서 텍스트를 작성하는 방법이 맞지 않은 것은 무엇인가?

① 텍스트를 작성을 완성한 후에도 다시 선택해서 텍스트 내용을 수정할 수 있다.

② 영문, 국문이 모두 작성 가능하다.

③ 작업 영역 빈 공간을 클릭한 후 커서가 깜빡이고 있을 때 텍스트를 입력한다.

④ 다른 빈 공간을 클릭하면 텍스트가 완성되고 박스가 생성된다.

3. 장애물 건너기 게임에서 핑크색 장애물을 회전시키는 블록이다. 장애물을 가장 빠르게 회전시키기 위해서 빈칸에 들어갈 숫자는 보기 중 어느 것인가?

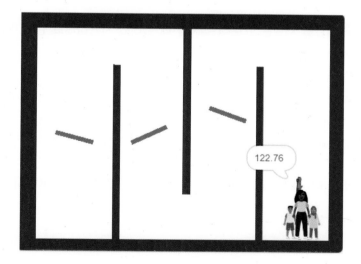

① 15   ② −15

③ 30   ④ −25

4. 스프라이트는 내컴퓨터에 저장한 후 다시 불러다 사용할 수 있다. 스프라이트를 저장했을 때 확장자는 무엇인가?

5. 장애물 건너기 게임에서 핑크색 장애물을 가운데를 중심으로 정확히 회전시키기 위해서 반드시 선행되어야 하는 작업은 무엇인가?
   ① 방향 보기를 90도로 해야 한다.
   ② 방향이 '왼쪽/오른쪽'으로 설정되어 있어야 한다.
   ③ 장애물 스프라이트의 중심점을 가운데로 잡아야 한다.
   ④ 회전 방식이 '왼쪽/오른쪽'으로 설정되어 있어야 한다.

6. 아래 이미지처럼 완성된 텍스트(좌)를 (우)의 폰트로 변경하고자 한다. 설명이 바르게 된 것은 무엇인가?
   ① 벡터 모드에서 [텍스트] 도구를 활용한다.
   ② 벡터 모드에서 [형태 고치기]를 활용한다.
   ③ 벡터 모드에서 [선택] 도구를 활용한다.
   ④ 벡터 모드에서 [직사각형] 도구를 활용한다.

7. 내 컴퓨터에 저장한 스프라이트를 새로운 프로젝트를 할 때 불러와 사용하려고 한다. 저장한 스프라이트를 불러오는 방법은 무엇인가?
   ① [스프라이트 고르기]에서 불러온다.
   ② [그리기]에서 불러온다.
   ③ [스프라이트 업로드]에서 불러온다.
   ④ Load from your computer에서 불러온다.

8. 나비를 회전시켰더니 아래 이미지처럼 되었다. 나비의 회전 중심점이 어디 있어야 하는가?

①

②

③

④

9. 이미지 에디터에서 벡터 모드 도구인 것은 무엇인가?

① ●   ② ⬚

③ 🐾   ④ ◆

10. 아래 이미지처럼 스프라이트를 사각형 모양으로 자르기가 가능한 도구는 무엇인가?

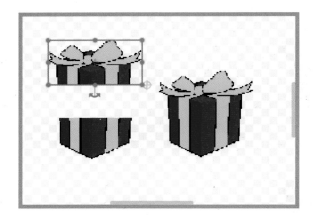

① ◆   ② ⬚

③ ■   ④ ▢

정답   1.③ 2.① 3.③ 4. svg 5.③ 6.① 7.③ 8.② 9.③ 10.②

튜토리얼을 활용한 축구공 게임

학습목차

1. 스크래치 튜토리얼 활용하기
2. 축구공 게임 프로젝트
3. 패션 게임 업그레이드하기

학습목표

- 스크래치에서 제공하는 튜토리얼을 활용할 수 있다.
- 변수 블록의 활용법을 익힐 수 있다.
- 배경 전환을 통하여 스토리가 담긴 완성도 있는 게임을 만들 수 있다.

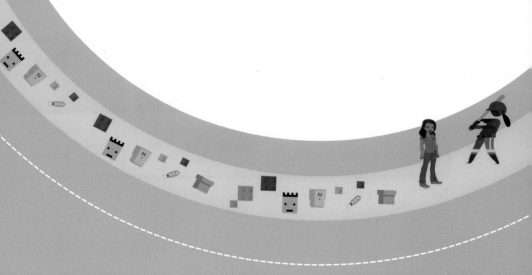

1 스크래치 튜토리얼 활용하기

스크래치 웹사이트(http://Scratch.mit.edu)에는 다양한 많은 활용 자료들이 있다.
튜토리얼, 교육지도서, 코딩카드 등을 무료로 이용할 수 있다.

'교사 계정' 을 별도로 만들면 학생들의 계정과 프로젝트를 관리할 수 있고 교사가 가르치는 학생들의 자료를 업로드 받아서 편리하게 관리할 수 있도록 하고 있다.

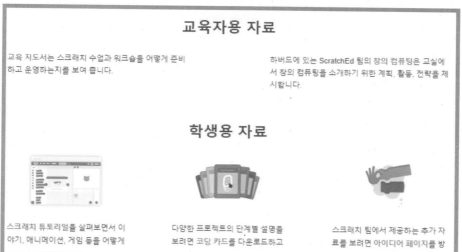

스크래치 서버에서 제공하는 많은 튜토리얼을 활용하면 좀 더 쉽게 스크래치에 접근할 수 있다.

스크래치 메뉴 상단의 '튜토리얼'을 클릭하면 다양한 종류의 튜토리얼을 확인할 수 있다. 'Pong Game' 튜토리얼을 살펴본다.

☑ Pong Game 튜토리얼

1) 배경 추가하기

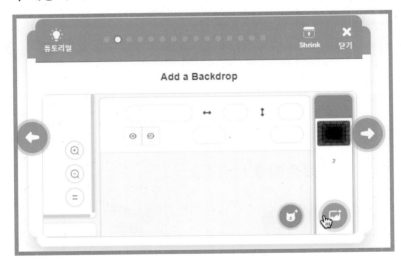

2) 사방벽 튕기기

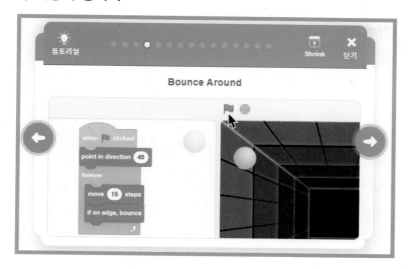

3) 'Paddle' 움직이기

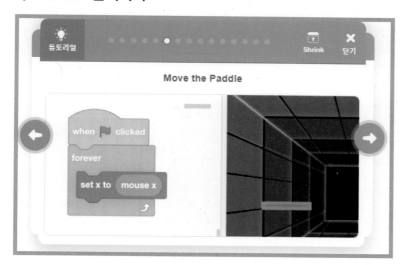

4) 'Paddle'에 맞고 튕기기

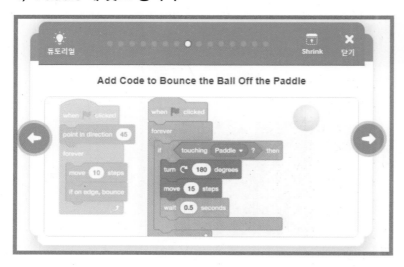

5) '점수' 변수 만들기

6) 점수 '0'으로 초기화하기

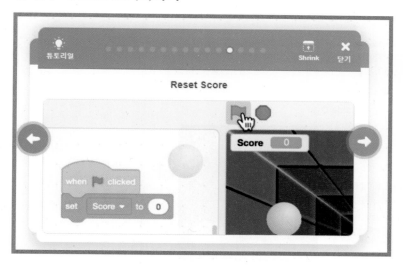

7) 'Line' 스프라이트 추가하기

8) 게임 종료하기

2 축구공 게임 제작하기

Pong Game 튜토리얼을 참고하여 축구공 게임을 제작해보도록 한다.

1) 게임 스토리 설계하기

(1) 축구공 움직이기

축구공은 랜덤하게 사방 벽을 튕기면서 회전한다.

(2) 공이 '수비수'에 닿았을 때

공이 '수비수'에 닿으면 다시 튕기도록 한다.

(3) 공이 'line'에 닿았을 때

수비수가 공을 못 막고 이 line에 닿으면 바로 ["Game Over" 신호 보내기]를 한다.

(4) '수비수' 마우스로 움직이기

'수비수'('수비수')를 마우스로 움직이면서 튕기는 공을 골대 안에 들어가지 못하도록 막는다.

(5) 점수 만들기

공을 막으면 점수를 '1'점씩 증가시킨다. 점수가 5점이 되면 "Game Over"를 출력한 후 게임을 종료시킨다.

(6) You won 출력하기

점수가 올라가고 5점 이상이 되면 "You won" 글자가 나온다.

(7) Game Over 출력하기

["Game Over" 신호를 받았을 때] "Game Over"를 출력한 후 게임을 종료시킨다.

2) 축구공 회전시키기

'Ball−Soccer' 스프라이트를 선택한다.

1. 게임 시작 시 공을 회전시킬 수 있도록 [(30)도 돌기] 블록을 사용한다.

   이 블록을 먼저 사용하는 이유는 일단 먼저 공을 회전시켜야 일직선으로 공이 나가지 않기 때문이다.

2. 축구공에 직진 성 움직임을 주기 위하여 [(15)만큼 움직이기] 블록을 사용한다.

3. 축구공이 벽에 닿았을 시 튕겨야 하므로 '벽에 닿으면 튕기기' 블록을 사용한다.

4. 공이 계속 튕기면서 회전해야 하므로 무한 반복시킨다.

3) 공이 '수비수'에 닿았을 때

'Ball−Soccer' 스프라이트를 선택한다.

1 공이 '수비수'에 닿으면 튕기면서 회전할 수 있도록 [만약 (~)라면] 블록을 사용한다.

2 만일 공이 '수비수'에 닿게 되면 공이 튕길 수 있도록 하기 위해 도는 각도를 정해진 숫자를 입력해도 되고 임의로 자유롭게 움직임을 주기 위해 '난수'를 사용하여 [(0)부터 (90) 사이의 난수 돌기] 블록을 사용해도 된다.

4) 공이 'Line'에 닿았을 때 "Game Over" 출력시키기

'Line' 스프라이트를 선택한다.

이벤트 블록의 "신호 보내기" 블록을 사용한다.

1 빨간 라인에 공이 닿았는지를 체크하기 위해 [만약 (~에 닿았는가?)이라면] 블록을 이용한다.

2 공이 'Line'에 닿으면 게임을 종료시키기 위해 [(gameover) 신호 보내기] 블록을 이용한다.

📝 신호 보내기/신호를 받았을 때_ 메시지 만들기

메시지 창에서 이름 란에 "gameover"라고 입력한다.

신호 보내기에서 입력한 동일한 메시지 'game over' 신호 보내기가 실행되면 [(gameover) 신호를 받았을 때] 블록 밑에 결합된 블록들이 실행된다.

5) '수비수' 마우스로 움직이기

'수비수' 스프라이트를 선택한다.

1 먼저 '수비수'의 크기를 적당히 만들기 위해 [크기를 (40)%로 정하기] 블록을 사용한다.

2 '수비수'를 위, 아래로 움직여야 하므로 [y좌표를 ( )으로 정하기] 블록을 이용하고 '수비수'를 마우스로 움직여야 하므로 좌표를 입력하는 칸에 (마우스의 y좌표) 블록을 끼워 넣는다.

'수비수'의 x좌표값은 일정하게 하여 y축으로만 움직여야 한다.

6) '점수' 변수 만들기

1 [변수] – [변수 만들기]를 클릭한다.

2 [새로운 변수] 창에서 '변수 이름(점수)'를 입력한다.

'모든 스프라이트에서 사용'에 체크한다.

3 '점수' 변수가 생성되었고 더불어서 자동으로 [점수] 블록과 관련된 블록들이 생성된다.

7) 점수 누적시키기

'Ball−Soccer' 스프라이트를 선택한다.

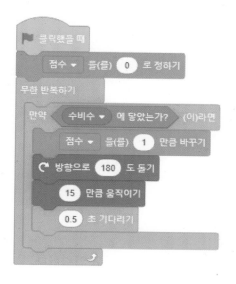

1 게임이 새로 시작할 때는 항상 점수가 '0'으로 초기화되어야 한다.

2 공이 '수비수'에 닿았을 때 점수를 '1'점씩 올리기 위해 공이 '수비수'에 닿았는지를 체크한다.

3 조건이 참이면, 즉 '수비수'가 공을 막으면 '점수'를 '1'점 더하기 위해 [(점수)를 (1)만큼 바꾸기] 블록을 이용한다.

4 점수를 1점 더한 후 계속해서 '수비수'에 공이 닿고 튕기게 하기 위해 [(180)도 돌기] 블록을 이용한다.

5 공이 진행 방향으로 움직이도록 하기 위해 [(15)만큼 움직이기] 블록을 이용한다.

8) "You Won" 출력하기

(1) 'You Won' 스프라이트 제작하기

1 스프라이트 정보창에서 [그리기]를 클릭한 후 이미지 에디터의 벡터 도구 모음에서 [텍스트]를 클릭한 후 글자를 입력한다.

(2) You Won 화면에 띄우기

1 "You Win" 글자는 처음에는 나타나지 않아야 하므로 [숨기기] 블록을 이용한다.

2 점수가 5점을 넘을 때까지 나타나지 않도록 하기 위해 조건으로 [( )까지 기다리기] 블록을 이용한다.

3 점수가 5점이 넘으면 글자가 나타나게 한다..

4 점수가 5점이 넘으면 게임을 종료한다.

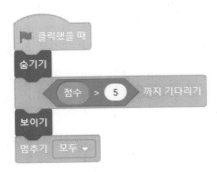

9) "Game Over" 출력하기

(1) 'Game Over' 스프라이트 만들기

이미지 에디터의 벡터 도구 모음에서 [텍스트]를 클릭하여 "Game Over"라고 입력한다.

(2) Game Over 화면에 띄우기

1 Game Over 글자는 게임이 시작될 때는 나타나지 않아야 하므로 게임 시작 시 숨긴다.

2 (gameover) 신호를 받았을 때 그때서야 모습을 나타내도록 [보이기] 한다.

게임이 종료되도록 실행된 모든 스프라이트를 멈춘다.

3 패션 게임 업그레이드하기

5장에서 작성한 '패션 게임 프로젝트'에서 몇 가지 기능을 추가하면서 좀더 완성된 패션 게임을 만들어본다.

1) 패션 게임 업그레이드 스토리보드

1 장면1은 루비의 집, 장면2는 백화점으로 2개의 배경을 준비한다.

2 첫 장면에서 루비가 옷이 필요하다고 말을 한다.

3 마법 빗자루를 타고 백화점으로 간다.

4 '마법 빗자루'를 클릭하면 장면 전환 효과를 이용하여 옷이 전시되어 있는 백화점 장면으로 이동한다.

5 옷을 입힐 때 드래그하는 순서가 바뀌어도 셔츠가 항상 위에 오도록 한다.

[장면1_1]

Ruby가 "옷을 사러 가야겠네!!!"라고 말한다.

[장면1_2]

Ruby가 빗자루에 앉아서 "마법 빗자루야 가자"라고 말한다.

[장면2]

백화점으로 이동한다.

2) 장면 추가하기

(1) 무대창의 배경을 선택해서 bedroom1을 추가한다.

게임을 처음 시작할 때는 항상 bedroom에서 시작해야 한다.

3) 마법 빗자루 추가하기

배경이 두 개가 되면서 배경이 바뀌게 하는 방법으로 마법 빗자루(Broom)를 추가하여 빗자루를 클릭하면 다음 장면으로 바뀌도록 한다.

장면이 바뀌면 더 이상 빗자루가 필요 없으니 숨기도록 한다.

4) 스프라이트 보이기/숨기기 설정

또한 처음 장면(Bedroom1)에 필요한 스프라이트와 두 번째 장면(spotlight−stage)에 필요한 스프라이트들의 보이기/숨기기를 각각 설정해야 한다. 처음 장면에서 필요한 것은 [초록깃발을 클릭했을 때] 블록 아래에 코딩하고 백화점 장면에서 필요한 것은 [배경이

(spotlight−stage)로 바뀌었을 때] 블록 아래에 코딩한다.

▌셔츠 설정

처음 장면에선 숨기기

두 번째 장면에선 보이기

▌팬츠 설정

처음 장면에선 숨기기

두 번째 장면에선 보이기

▌모자 설정

처음 장면에선 숨기기

두 번째 장면에선 보이기

▌슈즈 설정

처음 장면에선 숨기기

두 번째 장면에선 보이기

▌빗자루 설정

처음 장면에선 보이기

두 번째 장면에선 숨기기 – 두 번째 장면으로 넘어간 후 (숨기기) 한다.

바뀐 장면이 다시 게임을 새로 시작할 때 처음 장면으로 돌아와 있어야 하기 때문에 게임이 시작될 때 배경을 다시 원래의 베드룸으로 바꾸는 코딩이 필요하다.

5) [장면1_1] 코딩하기

▌루비 코딩

[장면1]에서 루비가 2초 동안 "옷을 사러 가야겠네"라고 말한 후 마법 빗자루에 앉는 모양으로 바뀐다.

배경이 바뀌는 경우 이벤트가 발생하도록 한다.

루비가 장면1에서는 앉아있는 모양으로 있어서 장면2로 바뀌면 다시 서있는 모양으로 바뀌어야 한다.

모양이 장면에서 바뀌는 경우 항상 게임이 새로 시작할 때 원래의 모양대로 바꾸어야 한다.

6) 스프라이트 순서 조정하기

▌ 루비가 마법 빗자루보다 앞쪽으로

게임이 시작되면 [장면1_1]에서 루비가 마법 빗자루보다 항상 앞쪽으로 나와있어야 한다.

▌ 셔츠가 팬츠보다 앞쪽으로

셔츠를 먼저 드래그하더라도 항상 셔츠가 위로 나오도록 한다. 무대에서 맨 마지막에 클릭한 스프라이트가 항상 맨 위로 오게 되어 있다.

〈완성된 코딩보기〉

▌ 마법 빗자루

```
클릭했을 때
배경을 Bedroom 1 ▼ (으)로 바꾸기
보이기
```

```
이 스프라이트를 클릭했을 때
배경을 spotlight-stage2 ▼ (으)로 바꾸기
숨기기
```

▌ 셔츠

```
클릭했을 때
숨기기
```

```
배경이 spotlight-stage2 ▼ (으)로 바뀌었을 때
보이기
```

```
클릭했을 때
그래픽 효과 지우기
x: 185 y: 114 (으)로 이동하기
무한 반복하기
    만약 Ruby ▼ 에 닿았는가? (이)라면
        x: -6 y: -3 (으)로 이동하기
        맨 앞쪽 ▼ 으로 순서 바꾸기
    아니면
        x: 185 y: 114 (으)로 이동하기
```

```
이 스프라이트를 클릭했을 때
color ▼ 효과를 25 만큼 바꾸기
```

▍팬츠

```
[클릭했을 때]          [배경이 spotlight-stage2 ▼ (으)로 바뀌었을 때]
  숨기기                보이기
```

```
[클릭했을 때]
그래픽 효과 지우기
x: 177 y: -67 (으)로 이동하기
무한 반복하기
  만약 < Ruby ▼ 에 닿았는가? > (이)라면
    x: -3 y: -77 (으)로 이동하기
  아니면
    x: 177 y: -67 (으)로 이동하기
```

```
[이 스프라이트를 클릭했을 때]
  color ▼ 효과를 25 만큼 바꾸기
```

▍모자

```
[클릭했을 때]          [배경이 spotlight-stage2 ▼ (으)로 바뀌었을 때]
  숨기기                보이기
```

클릭했을 때
그래픽 효과 지우기
x: -176 y: 25 (으)로 이동하기
무한 반복하기
　만약 Ruby ▾ 에 닿았는가? (이)라면
　　x: -9 y: 99 (으)로 이동하기
　아니면
　　x: -176 y: 25 (으)로 이동하기

이 스프라이트를 클릭했을 때
color ▾ 효과를 25 만큼 바꾸기

■ 신발

클릭했을 때
숨기기

배경이 spotlight-stage2 ▾ (으)로 바뀌었을 때
보이기

클릭했을 때
그래픽 효과 지우기
x: -159 y: -140 (으)로 이동하기
무한 반복하기
　만약 Ruby ▾ 에 닿았는가? (이)라면
　　x: -3 y: -157 (으)로 이동하기
　아니면
　　x: -159 y: -140 (으)로 이동하기

이 스프라이트를 클릭했을 때

다음 모양으로 바꾸기

▋루비

클릭했을 때

맨 앞쪽 ▼ 으로 순서 바꾸기

모양을 ruby-a ▼ (으)로 바꾸기

옷을 사러가야 겠네!!! 을(를) 2 초 동안 말하기

모양을 ruby-b ▼ (으)로 바꾸기

마법 빗자루야 가자 을(를) 2 초 동안 말하기

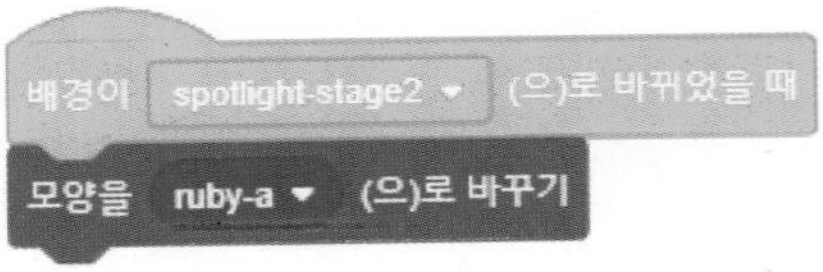

배경이 spotlight-stage2 ▼ (으)로 바뀌었을 때

모양을 ruby-a ▼ (으)로 바꾸기

사용 스크립트 블록

여러 장면의 배경이 있는 경우 배경 전환 시 발생하는 이벤트를 코딩할 수 있다.

변수

변수 만들기

☑ 점수

점수 ▾ 을(를) 0 로 정하기

점수 ▾ 을(를) 1 만큼 바꾸기

점수 ▾ 변수 보이기

점수 ▾ 변수 숨기기

변수 블록을 만들고 점수를 한 점씩 계속 증가시키는 블록과 점수를 초기화시키는 블록을 이용할 수 있다.

메시지1 ▾ 신호 보내기

메시지1 ▾ 신호를 받았을 때

[신호 보내기] 이벤트가 발생하면 [신호를 받았을 때] 이벤트 블록이 활성화되어 이벤트가 발생한다.

맨 앞쪽 ▾ 으로 순서 바꾸기

여러 개의 스프라이트가 겹쳐져 있을 때 보이는 계층 순서를 정할 수 있다.

1. [점수] 변수를 만들고 반드시 해야 하는 작업은 무엇이겠는가?

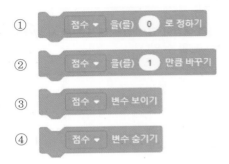

① 점수 ▼ 을(를) 0 로 정하기

② 점수 ▼ 을(를) 1 만큼 바꾸기

③ 점수 ▼ 변수 보이기

④ 점수 ▼ 변수 숨기기

2. 아래 블록이 실행되기 위해 선행되어야 하는 작업은 무엇인가?

gameover ▼ 신호를 받았을 때

① gameover ▼ 신호 보내기

② 스페이스 ▼ 키를 눌렀을 때

③ 나 자신 ▼ 복제하기

④ 복제되었을 때

3. '공' 스프라이트 코딩에서 '수비수'가 공을 막지 못할 경우 게임을 종료시키려 할 때 아래 [(   )에 닿았는가?] 조건 블록에서 어떤 조건을 선택해야 하는가?

① 마우스 포인터   ② 벽

③ '수비수'   ④ line

만약 (   ) 에 닿았는가? (이)라면

gameover ▼ 신호 보내기

4. 다음 축구공 게임에서 아래와 같이 '공', 'line', '수비수' 스프라이트 등이 추가되어 있다. 아래 코딩은 어느 스프라이트에 해당하는 것인가?

① 수비수

② 공

③ Line

④ 스프라이트3('Game Over')

5. 루비가 마법빗자루를 타고 백화점에 가려고 한다. 빗자루를 클릭해서 백화점으로 장면을 바꾸려고 한다. 어떤 블록이 필요하겠는가?

①  이 스프라이트를 클릭했을 때

② 스페이스 ▾ 키를 눌렀을 때

③ 배경이 배경1 ▾ (으)로 바뀌었을 때

④ 클릭했을 때

6. 다음은 축구공 게임에서 수비수를 마우스로 움직이면서 공을 막아내는 코딩이다. 수비수를 위, 아래로만 움직이도록 하기 위한 코딩 활용법이 잘 된 것은 무엇인가?

① x좌표를 [마우스의 x좌표]로 정하고, y좌표도 [마우스의 y좌표]로 정한다.

② x좌표를 [마우스의 x좌표]로 정하고, y좌표는 120으로 정한다.

③ x좌표를 120으로 정하고, y좌표도 120으로 정한다.

④ x좌표를 120으로 정하고, y좌표는 [마우스의 y좌표]로 정한다.

7. 축구공 게임에서 아래 게임 종료를 위한 "Game Over" 스프라이트 결합 블록에 대한 설명이 바르지 않은 것은 무엇인가?

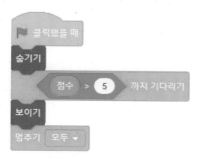

① "Game Over" 스프라이트는 게임이 시작되었을 때에는 안 보인다.

② 게임이 종료되면 점수는 6점이 된다.

③ 점수가 5점이면 게임이 모두 멈춘다.

④ 점수가 6점이 되어야 "Game Over" 스프라이트가 나타난다.

8. 아래 코딩은 루비에게 셔츠를 입힐 때 셔츠는 항상 다른 옷들 위에 놓이도록 하기 위한 셔츠 스프라이트에 대한 코딩이다. 빈칸에 들어갈 적절한 블록은 무엇인가?

③ 맨 앞쪽 ▼ 으로 순서 바꾸기

④ 다음 모양으로 바꾸기

9. 다음 중 아래 블록이 실행되어 게임이 종료되도록 하기 위해 선행되어야 하는 블록은 무엇인가?

① gameover ▼ 신호를 받았을 때

② 게임종료 ▼ 신호를 받았을 때

③ gameover ▼ 신호 보내기

④ 게임종료 ▼ 신호 보내기

10. 보기의 블록들 중 배경에 적용할 수 없는 것은 무엇인가?

① 다음 모양으로 바꾸기

② 색깔 ▼ 효과를 25 만큼 바꾸기

③ 다음 배경으로 바꾸기

④ 그래픽 효과 지우기

정답   1. ①   2. ①   3. ④   4. ①   5. ①   6. ④   7. ③   8. ③   9. ③   10. ①

이벤트 블록을 활용한
비둘기 둥지 날기 게임

학습목차

학습목표

- 이벤트 블록을 활용하여 특정한 사건에 동작이 발생할 수 있도록 할 수 있다.
- 새 메시지를 보내고 메시지를 전달받았을 때 동작을 실행시킬 수 있다.
- 숫자를 연결시키면서 블록을 쌓는 게임을 작성할 수 있다.

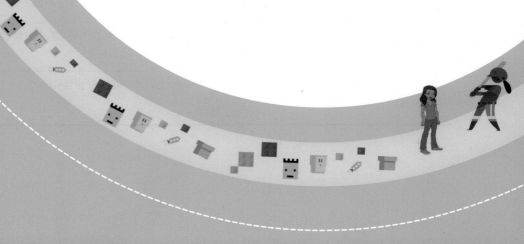

1 이벤트 블록 활용하기

1) 이벤트 블록 종류

이벤트 블록의 종류	설명
클릭했을 때	프로젝트를 처음부터 시작하도록 한다.
이 스프라이트를 클릭했을 때	이 스프라이트를 클릭했을 때 이벤트를 발생시킨다.
스페이스 ▼ 키를 눌렀을 때 ✓ 스페이스 위쪽 화살표 아래쪽 화살표 오른쪽 화살표 왼쪽 화살표 아무 a b c d	컴퓨터 키보드 키들 중 하나를 클릭했을 때 이벤트를 발생시킨다.
배경이 배경 1 ▼ (으)로 바뀌었을 때	배경이 여러 개일 때 배경 전환이 되었을 때 이벤트를 발생시킨다.
음량 ▼ > 10 일 때	음량이나 타이머가 일정 수치 이상이 되었을 때 이벤트를 발생시킨다.
메시지1 ▼ 신호 보내기	새로운 메시지를 만들고 메시지를 전달할 뿐 혼자서는 이벤트가 발생하지 않는다.
메시지1 ▼ 신호를 받았을 때	메시지를 받으면 이벤트를 발생시킨다.

2) [(메시지) 신호 보내기] 블록 활용

[(메시지) 신호 보내기]와 [(메시지) 신호를 받았을 때] 두 개의 블록은 항상 같이 사용되어야 이벤트 동작이 일어난다.

🗂 새 메시지 작성하기

1 [(메시지) 신호 보내기] 블록에서 [새로운 메시지]를 클릭한다.

2 메시지 창에서 신호로 사용할 원하는 내용을 입력한다.

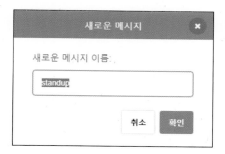

3 메시지를 한 번만 입력하면 [신호 보내기]/[신호를 받았을 때] 양쪽에 똑같은 내용의 메시지가 생성된다.

2 비둘기 둥지 날기 프로젝트

1) 전체 스토리보드

비둘기가 둥지를 날아오르는 훈련을 시키는 스토리다.

키보드 a를 누르면 조련사가 "Come to me"를 말하고 비둘기가 조련사에게 날아오른다.

키보드 b를 누르면 조련사가 "go back"을 말하고 비둘기가 둥지로 날아 돌아간다.

2) 스프라이트/배경 추가

[스프라이트고르기]에서 Noor, Dove2, Tree1을 추가한다.

비둘기가 정확히 조련사의 손에 날아오르도록 이미지 에디터에서 중심점을 손 쪽에 두어야 한다.

[배경 고르기]에서 Forest를 추가한다.

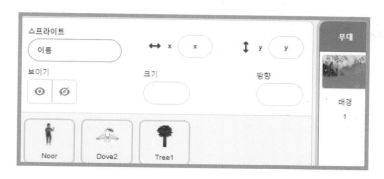

3) Noor(조련사) 코딩

게임 중간에 조련사의 모양이 바뀌므로 게임 시작할 때 다시 모양을 원래대로 바꿔줘야
한다.

▌게임 시작

게임이 시작되었을 때 조련사 위치를 정한다.

▌"come to me" 말하기

키보드 'a' 키를 누르면 조련사의 모양을 비둘기를 손으로 받을 수 있도록 손을 드는 모양
으로 바꾼 후 "Come to me"를 2초 동안 말한 후에

'fly' 신호를 보낸다. 신호를 보내기 위해 [(fly) 신호 보내기] 메시지를 만든다.

▌ "go back" 말하기

키보드 'b'를 누르면 조련사가 "go back"을 말하고
'go' 신호를 보낸다. 신호를 보내기 위해 [(go) 신호 보내기] 메시지를 만든다.

4) Dove(비둘기) 코딩

비둘기는 'fly' 신호를 받으면 조련사(Noor)에게로 날아간다.

비둘기는 게임 동안 계속 움직이므로 게임을 처음 시작할 때 항상 원위치로 가 있어야 한다.

조련사에게 날아갈 때 비둘기 모양을 바꾸는 동작을 이용해 마치 날갯짓 하는 모양을 만든다.

조련사에게 날아가다가 조련사 손에서 멈추도록 하기 위해 계속 [Noor에 닿았는가?]를 체크한다.

조련사에 날아가면 동작을 멈추는 방법으로 비둘기 모양을 dove−b로 바꾼다.

비둘기는 'go' 신호를 받으면 다시 원래의 둥지(Tree1)로 날아간다.

둥지로 날아가다가 둥지에 닿으면 더 이상 날갯짓을 하지 않도록 계속 둥지에 닿았는지 [(Tree1)에 닿았는가?] 블록을 이용해 체크한다.

Tree1(둥지)에 닿으면 날갯짓 동작을 멈추는 방법으로 비둘기 모양을 dove−b로 바꾼다.

▌완성된 코딩

```
클릭했을 때
x: 201  y: -82  (으)로 이동하기
```

```
클릭했을 때
모양을 Noor-a ▼ (으)로 바꾸기
x: -131  y: 48  (으)로 이동하기
```

```
go ▼ 신호를 받았을 때
3 초 동안 x: 201  y: -82  (으)로 이동하기
```

```
fly ▼ 신호를 받았을 때
무한 반복하기
    0.3 초 기다리기
    모양을 dove-b ▼ (으)로 바꾸기
    0.3 초 기다리기
    모양을 dove-a ▼ (으)로 바꾸기
```

```
go ▼ 신호를 받았을 때
무한 반복하기
    0.3 초 기다리기
    모양을 dove-b ▼ (으)로 바꾸기
    0.3 초 기다리기
    모양을 dove-a ▼ (으)로 바꾸기
```

```
go ▼ 신호를 받았을 때
무한 반복하기
    만약 Tree1 ▼ 에 닿았는가? (이)라면
        모양을 dove-b ▼ (으)로 바꾸기
```

3 ▶ 숫자키 테트리스 게임

1) 전체 스토리보드

1. 이미지 에디터에서 3개의 사각형 블록에 숫자를 입력하여 블록 스프라이트를 만든다.

2. 키보드 키를 이용하여 상,하,좌,우 회전을 시킨다.

3. 숫자 키 블록을 원하는 위치에 고정시키게 되면 다시 새로운 블록이 나타나야 한다.

4. 게임의 룰을 정해 게임을 시작한다.

   (예: 같은 숫자가 두 번 연속되도록 쌓기)

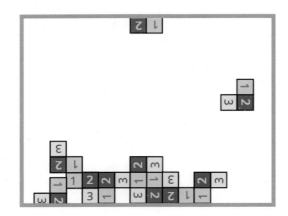

2) 스프라이트 만들기

스프라이트 정보창에서 [그리기]를 선택한 후 [이미지 에디터] 벡터 모드에서 다음과 같은 사각형 블록을 그린다.

사각형을 하나 그린 후 복사해서 3개를 만들고 위치를 조정해 이미지와 같은 블록을 만든다.

사각형 하나하나의 색상을 달리하고 숫자를 각각 입력한다.

완성된 사각형을 모두 선택해서 '그룹화'시킨다.

그룹화된 도형의 중심을 가운데로 두어야 회전할 때 정확하게 90도씩 회전이 된다.

3) 테트리스 숫자 블록 이동하기

키보드의 오른쪽 숫자 키에서 2,4,6,8 키를 클릭하여 블록을 이동시킨다.

[(스페이스) 키를 눌렀을 때]_ 이벤트 블록을 이용하여 각각의 해당 키로 바꿔준다.

숫자 키	사용 블록	이동
2	[y좌표를 (−10)만큼 바꾸기]	아래로 이동
4	[x좌표를 (−10)만큼 바꾸기]	왼쪽으로 이동
6	[x좌표를 (10)만큼 바꾸기]	오른쪽으로 이동
8	[y좌표를 (10)만큼 바꾸기]	위로 이동

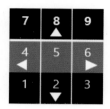

4) 테트리스 숫자 블록 회전하기

키보드의 z 키를 클릭하여 90도 회전시킨다.

원할 때만 회전을 시켜야 하므로 회전은 반복시키지 않고 z 키를 한 번 누를 때마다 한 번씩 회전한다.

5) 새로운 테트리스 숫자 블록 생성하기

숫자 블록이 제자리를 잡으면 고정을 시키고 새로운 숫자 블록이 생성되도록 한다.

숫자 키보드의 '5' 키를 클릭하면 그 위치에서 자신은 복제된 후 초기 위치로 이동한다.

복제를 위해서는 [도장찍기] 펜 블록을 사용한다.

펜 블록은 [확장 기능 추가하기]에서 추가해 사용한다.

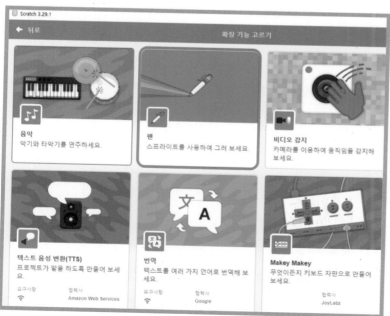

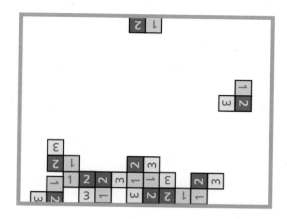

6) 테트리스 블록 초기화시키기

게임이 시작되면 쌓였던 블록(복제된 블록)을 모두 지워야 하므로 [모두 지우기] 펜 블록을 사용한다.

블록이 복제된 후 다시 원래 초기 위치로 나타나야 하므로 [숨기기], [보이기] 블록을 사용한다.

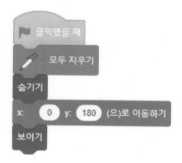

▌완성된 코딩

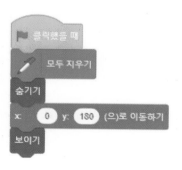

이벤트 블록은 프로그램을 실행시키거나 게임 중간에 스프라이트를 클릭했을 때 이벤트를 일으키도록 하는 스크립트 블록이다.

[(메시지) 신호 보내기] 블록과 [(메시지) 신호를 받았을 때] 블록은 짝으로 함께 사용되어야 한다.

스프라이트를 클릭할 때만 실행시키기 위해서는 [이 스프라이트를 클릭했을 때] 블록을 이용한다

이벤트 블록의 중요 블록

펜 블록의 중요 블록

1. 아래 블록 중 〈보기〉 블록이 실행되기 위해서 반드시 필요한 블록은 무엇인가?

〈보기〉

2. 아래 각 결합 블록의 코딩에 대한 설명이 다른 것은 무엇인가?
   ① 1 – "fly" 신호를 받고 모양바꾸기를 계속한다.
   ② 2 – '초록깃발'을 클릭했을 때 처음의 위치로 이동한다.
   ③ 3 – "go" 신호를 받고 모양바꾸기를 계속한다.
   ④ 4 – 키보드의 아무 키나 눌렀을 때 모양바꾸기를 한다.

③
```
go ▼ 신호를 받았을 때
무한 반복하기
    0.3 초 기다리기
    모양을 dove-b ▼ (으)로 바꾸기
    0.3 초 기다리기
    모양을 dove-a ▼ (으)로 바꾸기
```

④
```
a ▼ 키를 눌렀을 때
모양을 Noor-b ▼ (으)로 바꾸기
    come to me 을(를) 2 초 동안 말하기
    fly ▼ 신호 보내기
```

3. 비둘기 둥지 날기 게임에서 아래 블록과 같은 결과를 얻을 수 있는 결합 블록은 무엇인
가?

```
fly ▼ 신호를 받았을 때
무한 반복하기
    0.3 초 기다리기
    모양을 dove-b ▼ (으)로 바꾸기
    0.3 초 기다리기
    모양을 dove-a ▼ (으)로 바꾸기
```

①

②

③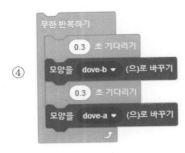

④

해설 비둘기 모양은 두 개만 있으므로 모양 이름을 사용하지 않고 '다음 모양으로 바꾸기'를 사용해도 결과는 같다.

4. 다음 지문에 맞는 코딩이 제대로 된 것은 무엇인가?

[지문]

[키보드의 T 키를 클릭하여 스프라이트를 오른쪽으로 90도씩 회전시킨다.

T 키를 한 번 누를 때마다 한 번씩 회전한다.]

5. Noor 스프라이트의 모양은 a, b, c 세 개의 모양이 있다. 키보드 'Q' 키를 누르면 Noor의 모양을 'b'로 바꾼 후 "Come"을 2초 동안 말하도록 하기 위해 필요한 블록들은 무엇인가? 순서대로 고르시오.

숫자 키 테트리스 게임에 대한 질문에 답하시오. (6 ~ 8)

숫자 도형 스프라이트를 키보드 방향키를 이용하여 상, 하, 좌, 우 회전을 시킨다.

숫자 도형을 원하는 위치에 고정시키게 되면 복제한 후 다시 새로운 숫자 도형이 나타나야 한다.

6. 숫자 테트리스 게임 코딩에서 게임이 시작되면 그 전에 게임하면서 쌓였던 블록(복제된 블록)을 모두 지워야 한다. 맞게 코딩된 것은 무엇인가?

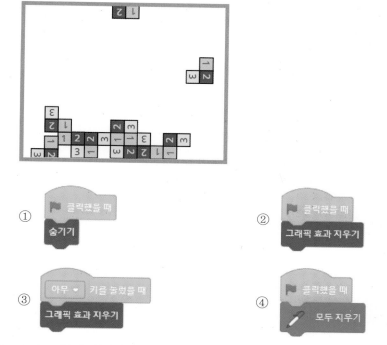

7. 숫자 도형이 제자리를 잡으면 고정을 시키고 새로운 숫자 도형이 생성되도록 한다.

숫자 키보드의 '5' 키를 클릭하면 그 위치에서 자신은 복제되도록 하기 위해 아래 이미지 블록에 결합되어야 하는 블록은 무엇인가?

8. 숫자 키 테트리스 게임에서 키보드의 오른쪽 숫자 키에서 2,4,6,8 키를 클릭하여 숫자 도형을 이동시키려고 한다. 보기의 블록과 이동 방향이 맞게 짝지어진 것은 무엇인가?

① y좌표를 -10 만큼 바꾸기   위로 이동

② y좌표를 10 만큼 바꾸기   왼쪽으로 이동

③ x좌표를 -10 만큼 바꾸기   아래로 이동

④ x좌표를 10 만큼 바꾸기   오른쪽으로 이동

9. 비둘기 둥지 날기 프로젝트에서 비둘기가 조련사에게 날아가면 날개 동작을 멈추도록 하기 위해서 해야 할 일은 무엇인가?

① 무한 반복하기
   만약 〈 Noor ▾ 에 닿았는가? 〉 (이)라면
      모양을 dove-b ▾ (으)로 바꾸기

② 만약 〈 Noor ▾ 에 닿았는가? 〉 (이)라면
      모양을 dove-b ▾ (으)로 바꾸기

③ fly ▾ 신호를 받았을 때
   모양을 dove-b ▾ (으)로 바꾸기

④ ▶ 클릭했을 때
   모양을 dove-b ▾ (으)로 바꾸기

10. 배경이 여러 개이고 배경 전환이 되었을 때 이벤트를 발생시키는 블록은 무엇인가?

① 다음 배경으로 바꾸기

② 배경이 Forest ▼ (으)로 바뀌었을 때

③ 배경을 Forest ▼ (으)로 바꾸기

④ 배경 번호 ▼   만큼 움직이기

마술봉으로 사과 따기_감지 블록

학습목표

- 어떤 작업이 실행되기 위한 조건을 체크할 때 감지 블록을 사용할 수 있다.
- 스프라이트가 마우스 포인터를 감지하여 움직일 수 있도록 할 수 있다.
- 연산 블록과 결합하여 좌표 위치를 알아낼 수 있다.

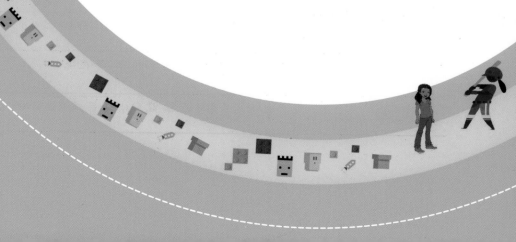

1 감지 블록의 종류

감지 블록은 색깔이나 마우스 포인터, 키보드 키 등을 감지할 수 있는 블록이다.
컴퓨터의 날짜와 시간 등을 가져와 현재의 년, 월, 일, 시, 분, 초 등을 알려준다.

감지 블록의 종류	설명
마우스 포인터 ▼ 에 닿았는가?	마우스 포인터, 벽, 스프라이트 등에 닿았는지 체크한다.
색에 닿았는가?	스프라이트가 지정된 색에 닿았는지 체크한다.
색이 색에 닿았는가?	첫 번째 색이 두 번째 색에 닿았는지 체크한다.
마우스 포인터 ▼ 까지의 거리	마우스 포인터와 스프라이트까지의 거리를 알려준다.
너 이름이 뭐니? 라고 묻고 기다리기	질문을 표시한 후 사용자로부터 대답 내용을 기다린다. 대답을 입력할 박스가 자동으로 생성된다.
대답	사용자가 입력한 대답을 자동으로 '대답' 변수에 저장한다.
스페이스 ▼ 키를 눌렀는가?	키보드 상의 어떤 키가 눌렸는지 체크한다.
마우스를 클릭했는가?	마우스가 눌렸는지 체크한다.
마우스의 x좌표	마우스의 x좌표를 알려준다.
마우스의 y좌표	마우스의 y좌표를 알려준다.
음량	현재의 음량의 크기를 알려준다.
타이머	초 단위로 시간을 재서 알려준다.
타이머 초기화	타이머 값을 0으로 초기화시킨다.
현재 년 ▼	현재 년, 월, 일, 요일, 시, 분, 초 등을 알려준다.

2 감지 블록의 활용 예제

1) 마우스 포인터 감지하기

마우스 포인터까지의 거리를 감지하고 그 거리가 50보다 작으면 10만큼 움직이고 색깔 효과를 25만큼 바꾸기

(1) 스프라이트 추가하기

[스프라이트고르기]에서 Dragon 스프라이트 선택하기

(2) 스크립트 작성하기

1 마우스 포인터까지의 거리가 50보다 작은지 체크하기 위해 감지 블록의 [(마우스 포인터)까지의 거리]와 연산 블록에 있는 [( ) < 50] 블록을 결합한다.

2 거리가 50보다 작으면 10만큼 움직인다.

3 스프라이트의 모양이 여러 개가 있어 다음 모양으로 바꾸면서 움직임을 준다.

4 색깔 효과를 25만큼 바꾼다.

5 이 작업이 계속되야 하므로 무한 반복 루프 블록으로 감싼다.

(3) 결과보기

스프라이트는 마우스 포인터까지의 거리가 50 미만이면 10씩 움직일 때마다 자신의 색상 및 모양을 계속 바꿔가면서 이동한다.

2) 마우스의 좌표값 말하기

마우스를 클릭할 때마다 Duck이 좌표값을 따라 움직이고 움직이면서 포인트한 마우스 좌표값을 말한다.

(1) 스프라이트 추가하기

Duck 스프라이트를 [스프라이트고르기]에서 추가한다.

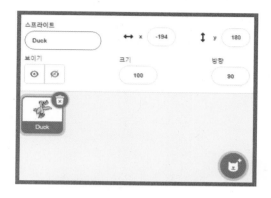

(2) 연산 블록과 감지 블록의 결합

x 좌표값과 y 좌표값을 결합하기 위해 [가위 와(과) 나무 결합하기] 를 이용한다.
각각의 빈칸에 [마우스의 x좌표], [마우스의 y좌표]를 나타내는 블록을 삽입한다.

(3) 스크립트 작성하기

1 게임이 시작될 때 Duck의 위치를 [x : 0 y : 0으로 이동하기] 블록을 이용하여 초기화
시킨다.

2 마우스를 클릭할 때마다 마우스의 위치로 Duck을 움직이게 하기 위해서 [x좌표를
(마우스의 x좌표)로 정하기], [y좌표를 (마우스의 y좌표)로 정하기] 블록을 이용한다.

3 [마우스의 x좌표], [마우스의 y좌표] 블록을 결합한 블록을 마우스의 좌표값을 말하도
록 [(안녕!) 말하기] 블록 빈칸에 삽입한다.

4 시간 조절을 하기 위해 [(1)초 기다리기] 블록을 이용한다.

5 반복해서 작업이 이루어져야 하므로 [무한 반복] 블록으로 감싼다.

```
클릭했을 때

x: -150 y: -72 (으)로 이동하기

1 초 기다리기

무한 반복하기

x좌표를 마우스의 x좌표 (으)로 정하기

y좌표를 마우스의 y좌표 (으)로 정하기

마우스의 x좌표 와(과) 마우스의 y좌표 결합하기 말하기

1 초 기다리기
```

3 마술봉으로 사과 따기 프로젝트

1) 전체 스토리보드

1 방향키를 이용해서 마술봉을 움직인다.

2 스페이스 키를 누르면 마술봉에서 번개가 나오게 한다.

3 번개로 나무에 달린 사과를 맞춘다.

4 번개에 맞은 사과는 아래로 떨어진 후 사라진다.

2) 스프라이트 및 배경 추가

[스프라이트고르기]에서 'Magic Wand', 'Apple', 'Lightning' 추가하기

[배경고르기]에서 'tree' 배경 추가하기

3) 스크립트 작성하기

(1) 마술봉 좌우로 움직이기

마술봉(Magic Wand) 스프라이트를 선택한 후 코딩을 한다.

Magic Wand

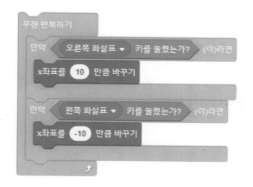

오른쪽 화살표 키를 누르면 오른쪽으로 10만큼 움직인다.

왼쪽 화살표 키를 누르면 왼쪽으로 10만큼 움직인다.

(2) 마술봉 초기화시키기

 (90도)

 (0도)

초록깃발을 클릭했을 때 마술봉의 크기를 70%로 조정한다.

마술봉을 위로 똑바로 세우기 위해 [(0도) 방향보기]를 한다.

마술봉을 게임을 시작하기 위한 초기 위치로 이동시킨다.

(3) 번개 복제되어 나타나기

번개(lightning) 스프라이트를 선택한 후 코딩을 한다.

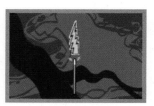

스페이스 키를 누르면 번개는 마술봉 상단 위치에 나타나야 한다.

번개를 복제한다.

움직임을 조절한다.

게임을 위해서는 스페이스 키를 누를 때마다 번개가 생성되야 하므로 블록들을 [무한 반복]으로 둘러싼다.

(4) 번개 초기화시키기

파란 깃발을 클릭했을 때

번개의 크기를 20%로 조정한다.

프로젝트가 시작되면 번개를 숨기고 있어야 한다.

(5) 번개가 복제되었을 때

번개가 생성된 후에 일어나야 할 동작들을 코딩해야 하므로 [복제되었을 때] 블록을 이용한다.

[번개 복제하기] 스크립트에서 [나 자신 복제하기] 블록이 실행되면 [복제되었을 때] 이벤트를 작동시킨다.

1 번개는 복제된 후 새로 계속 나타나야 한다. [보이기]

2 사과를 맞히지 못하고 벽에 닿을 때까지 번개는 계속 위로 움직여야 한다.

3 위로 올라가다 사과를 맞히는지를 체크하고 사과를 맞히게 되면 자신은 모습을 숨긴 후

4 [("빨간 사과 명중") 신호 보내기]를 한다.

5 번개가 벽에 닿는 순간 [조건 반복문]에서 빠져 나와 사라져야 하므로 [이 복제본 삭제하기] 블록을 이용한다.

(6) 번개 각도 변수 만들기

번개는 항상 위쪽을 보고 있어야 한다.

번개의 방향을 조정하기 위해 [각도] 변수를 사용한다.

변수란 데이터를 저장하는 공간으로 계속 변해야 하는 값을 저장할 때 변수를 사용한다. 번개 각도는 꼭 변수를 사용하지 않아도 되지만 변수 게임 응용 시 각도를 바꾸어가며 번개를 날아가게 할 수도 있다.

(각도) 변수 만들기

1 스크립트 창에서 [변수] 블록 카테고리에서 [변수 만들기]를 클릭한다.

2 새로운 변수 창에서 변수 이름을 [각도]라고 입력한다.

3 '모든 스프라이트에서 사용'을 선택한다. (변수 사용 범위는 스프라이트 전체에서 사용할 수 있는 경우와 한 스프라이트에서만 사용할 수 있는 경우를 선택해서 사용한다. 보통의 경우 큰 문제가 없기 때문에 '모든 스프라이트에서 사용'에 체크한다.)

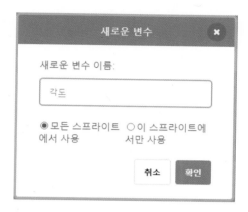

4 [확인]을 누르면 스크립트 창에 변수 [각도]와 [각도] 변수의 초기값, 증가값 등을 정할 수 있는 블록들이 자동으로 생성된다.

(7) 번개 각도 수정하기

번개의 뾰족한 부분을 위로 향하게 하기 위해서 [각도]를 "–90"도 정한다.

[각도를 (−90)로 정하기] 블록을 [복제되었을 때] 블록의 실행문들 위로 위치시킨다. (초기화)

(번개의 각도를 지정할 때 원래의 본 모습이 향하는 방향이 (90도)이므로 그 반대 방향을 봐야 하기 때문에 (−90)도로 정해야 번개의 뾰족한 부분이 위를 향할 수 있다. 만일 번개의 각도를 매번 바꿀 필요가 없이 고정해서 사용할 거라면 각도 변수를 사용하지 않고 [(−90)도 방향보기] 블록을 이용해도 결과는 같게 나온다.)

다른 스프라이트에서도 스프라이트별로 각도를 정하는 방식이 다르므로 그때그때 방향 체크를 해야 한다.

(8) 번개 스크립트 완성

(9) 빨간 사과 코딩하기

빨간 사과가 떨어지는 시점은 번개에 맞았을 때이다. 이 상황을 코딩하면 [(빨간 사과 명중) 신호 보내기] 블록이 실행되면 이를 받아서 [(빨간 사과 명중) 신호를 받았을 때] 블록의 실행으로 연결된다.

번개가 빨간 사과를 맞히면 땅 아래로 (20)씩 떨어지고 바닥에 닿을 때까지 계속 떨어진다.

[(벽)에 닿았다면] 즉, 땅 바닥에 떨어지면 사라지게 한다. [숨기기]

(10) 빨간 사과 초기화시키기

사과가 땅에 떨어지면서 사라지게 된다. 그러나 게임이 새로 시작되면 '사과'가 다시 보여야 한다.

사과가 다시 보여질 때 처음 크기와 처음 매달려 있는 위치를 정한다.

(11) 빨간 사과 코딩 완성

(12) 사과 복제하기

게임에서 필요한 사과는 다양한 색깔을 가진 여러 개의 사과이다.

사과들은 모두 똑같은 동작을 하게 되므로 빨간 사과 스크립트를 복제해서 사용한다.

사과는 여러 개를 복제한 후 이미지 에디터에서 각각 색깔을 바꾼다.

(13) 노란 사과 코딩하기

빨간 사과를 복제했기 때문에 빨간 사과의 스크립트도 함께 복사되었다.

복사된 스크립트에서 몇 가지만 수정하면 된다.

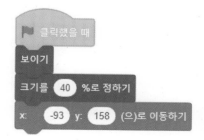 처음 매달려 있는 위치를 수정한다.

["노란 사과 명중" 신호를 받았을 때]로 바꾼다.

(14) 사과 스크립트 완성

나머지 색상들의 사과들도 노란 사과처럼 (초기 위치값)과 ["노란 사과 명중" 신호를 받았을 때]에서 사과 색상만 바꿔주면 된다.

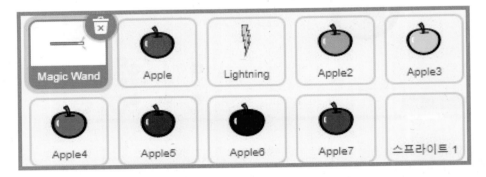

▌ 주황 사과(apple2)

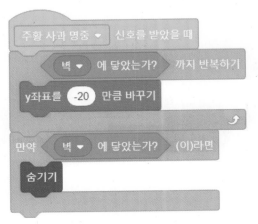

▌노랑 사과(apple3)

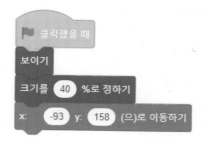

▌초록 사과(apple4)

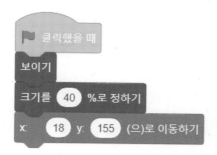

▌파란 사과(apple5)

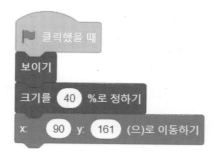

▌ 남색 사과(apple6)

▌ 보라 사과(apple7)

(15) 번개가 [(…사과 명중) 신호 보내기] 완성

사과 색깔 종류별로 번개가 날아가 사과를 맞추었는지를 체크해야 하므로 사과 종류를 바꾸면서 [(…사과 명중) 신호 보내기] 블록을 모두 결합시켜야 한다.

복제되었을 때

보이기

각도 ▼ 을(를) -90 로 정하기

벽 ▼ 에 닿았는가? 까지 반복하기

y좌표를 10 만큼 바꾸기

만약 Apple ▼ 에 닿았는가? (이)라면

숨기기

빨간 사과 명중 ▼ 신호 보내기

만약 Apple2 ▼ 에 닿았는가? (이)라면

숨기기

주황 사과 명중 ▼ 신호 보내기

만약 Apple3 ▼ 에 닿았는가? (이)라면

숨기기

노랑 사과 명중 ▼ 신호 보내기

만약 Apple4 ▼ 에 닿았는가? (이)라면

숨기기

초록 사과 명중 ▼ 신호 보내기

만약 Apple5 ▼ 에 닿았는가? (이)라면

숨기기

파란 사과 명중 ▼ 신호 보내기

만약 Apple6 ▼ 에 닿았는가? (이)라면

숨기기

남색 사과 명중 ▼ 신호 보내기

만약 Apple7 ▼ 에 닿았는가? (이)라면

숨기기

보라 사과 명중 ▼ 신호 보내기

이 복제본 삭제하기

감지 블록과 연산 블록의 결합

마우스의 **x좌표** 와 마우스의 **y좌표** 결합하기

마우스의 **x좌표** 와 마우스의 **y좌표** 결합하기 말하기

'명중' 신호 보내기

복제되었을 때

보이기

각도 ▼ 을(를) -90 로 정하기

벽 ▼ 에 닿았는가? 까지 반복하기

y좌표를 10 만큼 바꾸기

만약 Apple ▼ 에 닿았는가? (이)라면

숨기기

빨간 사과 명중 ▼ 신호 보내기

이 복제본 삭제하기

'명중' 신호를 받았을 때

빨간 사과 명중 ▼ 신호를 받았을 때

벽 ▼ 에 닿았는가? 까지 반복하기

y좌표를 -20 만큼 바꾸기

만약 벽 ▼ 에 닿았는가? (이)라면

숨기기

1. 아래 블록의 빈칸에 결합될 수 없는 블록은 무엇인가?

| hello | 와 | world | 결합하기 |

① 　스페이스 ▾ 키를 눌렀는가?

② 　타이머 초기화

③ 　마우스의 x좌표

④ 　타이머

2. 아래 블록은 번개 스프라이트 스크립트이다. 사과를 맞추었을 때 일어날 수 있는 일은 무엇인가?

3. 아래 왼쪽 그림의 스프라이트를 오른쪽 그림처럼 위를 향하도록 세우기 위해 사용할 수 있는 블록은 무엇인가?

① 0 도 방향 보기

② 마우스 포인터 ▼ 쪽 보기

③ Magic Wand ▼ (으)로 이동하기

④ 마우스 포인터 ▼ 쪽 보기

4. 다음 중 마술봉을 키보드의 화살표 키를 이용하여 좌우로 움직이기 위해 사용할 수 있는 블록을 모두 고르시오.

① 마우스 포인터 ▼ 쪽 보기

② 만약 (이)라면

③ 마우스 포인터 ▼ 에 닿았는가?

④ 스페이스 ▼ 키를 눌렸는가?

5. 다음 중 감지 블록의 쓰임에 해당되지 않는 것은 무엇인가?
① 색깔을 감지할 수 있다.
② 컴퓨터의 날짜를 가져와 알려줄 수 있다.
③ 사용자에게 질문을 하고 대답을 얻을 수 있다.
④ 복제되었을 때 행동을 실행할 수 있다.

6. 아래 그림에서처럼 동일한 모양의 사과 스프라이트를 여러 개 만들어 사용하려고 한다. 설명이 바르지 않은 것은?

① 하나의 사과 스프라이트를 복사해서 사용한다.

② 복사한 스프라이트의 [모양]에서 각각 색상을 바꾼다.

③ [무대]에서 사과를 각각 다르게 위치시키기 이해 [(10)만큼 움직이기] 블록을 이용한다.

④ 사과가 명중되어 떨어지도록 하기 위해 [y좌표를 (−20)만큼 바꾸기] 블록을 이용한다.

7. 아래 블록의 사용법에 대해 설명이 바르지 않은 것은 무엇인가?

① 사용자에게 할 질문의 내용을 입력할 수 있다.

② 대답할 입력 박스가 자동으로 생성되도록 한다.

③ 사용자가 입력한 내용이 자동으로 [대답] 변수에 저장된다.

④ "너 이름이 뭐니?" 라고 묻고 기다려야 하므로 [무한 반복]문과 함께 사용해야 한다.

8. 다음과 같이 마우스의 좌표값을 말하기 위해 바르게 결합된 블록은 무엇인가?

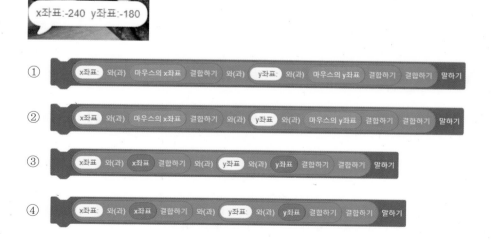

9. 아래 블록은 번개 스프라이트 스크립트이다. 번개가 날아가면서 사과를 맞추지 못했을 때 일어날 수 있는 일은 무엇인가?

복제되었을 때
1 보이기
2 각도 ▼ 을(를) -90 로 정하기
3 벽 ▼ 에 닿았는가? 까지 반복하기
4 y좌표를 10 만큼 바꾸기
5 만약 Apple ▼ 에 닿았는가? (이)라면
6 숨기기
7 빨간 사과 명중 ▼ 신호 보내기
8 이 복제본 삭제하기

10. 다음 중 아래 블록의 조건에 결합될 수 없는 블록은 무엇인가?

까지 반복하기

① 스페이스 ▼ 키를 눌렀는가?

② 마우스 포인터 ▼ 에 닿았는가?

③ ● 색이 ○ 색에 닿았는가?

④ 마우스 포인터 ▼ 까지의 거리

정답 1.② 2.⑥,⑦ 3.① 4.②,④ 5.④ 6.③ 7.④ 8.① 9.④ 10.④

톰과 제리 게임_연산 블록

학습목표

- 질문하고 기다리기 블록과 대답 블록을 이용하여 사용자와 인터렉티브한 게임을 할 수 있다.
- 변수에 저장한 내용을 연산 블록을 이용하여 다양한 방식으로 출력할 수 있다.
- 스프라이트의 속력을 난수로 조절할 수 있다.

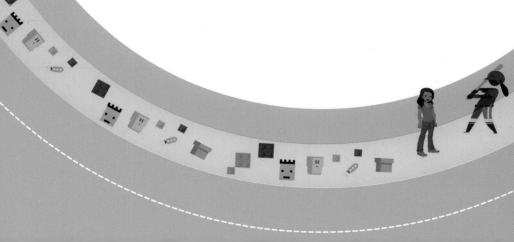

1   연산 블록 종류

연산 블록을 이용하면 숫자 값과 논리 값 그리고 수학 함수 결과값을 편하게 이용할 수 있다. 연산 블록은 사칙연산의 기능 외에 텍스트를 결합할 수도 있고 텍스트의 길이를 나타내기도 한다.

1) 연산 블록의 종류

연산 블록의 종류	의미
(+)	첫 번째 값에 두 번째 값을 더한 결과값을 알려준다.
(-)	첫 번째 값에 두 번째 값을 뺀 결과값을 알려준다.
(*)	첫 번째 값에 두 번째 값을 곱한 결과값을 알려준다.
(/)	첫 번째 값에 두 번째 값을 나눈 결과값을 알려준다.
1 부터 10 사이의 난수	첫 번째 값부터 두 번째 값 사이의 임의의 수를 알려준다.
(> 50)	첫 번째 값이 두 번째 값보다 크면 참, 그렇지 않으면 거짓을 알려준다.
(< 50)	첫 번째 값이 두 번째 값보다 작으면 참, 그렇지 않으면 거짓을 알려준다.
(= 50)	첫 번째 값과 두 번째 값이 같은지 판단하여 같으면 참, 그렇지 않으면 거짓을 알려준다.
그리고	첫 번째 조건과 두 번째 조건이 모두 참이면 참, 하나라도 거짓이면 거짓을 알려준다.
또는	첫 번째 조건이나 두 번째 조건 중에서 하나라도 참이면 참, 둘 다 거짓이면 거짓을 알려준다.
이(가) 아니다	입력 조건의 논리값의 반대를 알려준다. 조건이 참이면 '거짓', 조건이 거짓이면 '참'을 알려준다.

연산 블록의 종류	의미
가위 와(과) 나무 결합하기	첫 번째 문자와 두 번째 문자를 연결한다.
가위 의 1 번째 글자	첫 번째 문자의 숫자 번째 글자를 알려준다.
가위 의 길이	입력된 단어의 글자 수를 알려준다.
가위 이(가) 가 을(를) 포함하는가?	첫 번째 문자가 두 번째 텍스트를 포함하는가를 체크해 참, 거짓으로 알려준다.
나누기 의 나머지	첫 번째 값을 두 번째 값으로 나눈 나머지를 알려준다.
의 반올림	입력 값의 반올림 값을 알려준다.
절댓값 ▼ (-9) ✓ 절댓값 버림 올림 제곱근 sin cos tan asin acos atan	입력 값의 수학 함수 (절대값, 제곱근, sin, cos, log …) 등의 결과값을 알려준다.

2) 연산 블록의 활용

(1) 난수 블록

이 블록은 주어진 범위 안에서 무작위로 숫자를 만들어내는 기능이 있다.

가령, "1부터 10 사이의 난수"라면 나오는 숫자가 무작위로 정해져서 1일 수도 5일 수도 있다.

이 블록을 계속 클릭해보면 출력해주는 숫자가 매번 다르게 나오는 걸 볼 수 있다.

게임에서 스프라이트가 출현할 때 정해진 속도나 크기로 나타나지 않고 커졌다 작아졌다 또는 빨랐다 느렸다를 반복하면서 불규칙적으로 출현할 때 많이 사용한다.

(2) 부등식 블록

하얀 둥근 빈칸에는 숫자를 입력할 수도 있지만 '둥그런 타원 블록'이 삽입되어 활용될 수 있다.

(3) 연산자 블록

감지 블록의 "마우스를 클릭했는가" 그리고 "( )색에 닿았는가" 두 조건이 모두 발생했을 때 '참'의 결과를 출력해준다.

감지 블록의 "마우스를 클릭했는가" 또는 "스페이스 키를 눌렀는가" 두 조건 중 하나의 사건만 발생해도 '참'의 결과를 출력해준다.

2 연산 블록 활용 예제

1) 영문 이름 묻고 말하기

이름을 질문을 한 후 사용자로부터 대답을 듣고 한자씩 말하고 총 글자수를 카운팅해주는 예제이다.

1 질문을 하기 위해서는 [(너 이름이 뭐니?)라고 묻고 기다리기] 블록을 사용한다.

질문 블록이 실행되면 대답을 입력할 상자가 자동으로 생성된다.

2 게이머가 대답 상자에 이름을 입력하게 되면 대답한 내용이 자동으로 대답 변수에 저장되어 [대답] 블록에 출력된다.

[대답] 블록은 [감지] 카테고리에서 '보이기'에 체크해주면 무대에 나타난다.

3 사용자가 입력한 영문 이름을 기억하고 있어야 한다.

저장된 이름을 알파벳을 순서대로 말해야 하므로 순서를 정하기 위해 [글자] 변수를 만든다.

4 저장된 대답과 글자를 [( )와 ( )번째 글자] 블록에 결합한 후 말하기 형태 블록에 다시 결합한다.

5 문자를 개수만큼 반복해야 하므로 [[(대답)의 길이] 번 반복하기] 블록을 사용한다.

6 완성된 코딩

3 톰과 제리 게임

고양이 톰이 생쥐 제리를 잡는 게임이다.

떨어지는 돌맹이에 맞으면 톰의 체력 점수가 1점씩 감점된다.

제리를 잡으면 톰의 행운 점수가 1점씩 증가된다.

체력 점수가 0점이 되거나 행운 점수가 5점이 되면 게임이 종료된다.

1) 스토리보드

• 톰을 화살표 키로 좌우로 움직이기

- 제리를 랜덤하게 반복해서 떨어지게 하기
- 톰이 제리를 잡으면 행운 점수 1점 증가시키기
- 톰이 돌맹이에 닿으면 체력 점수 1점 감소시키기
- 돌맹이는 여러 개를 복제하기
- 돌맹이는 랜덤한 속도로 떨어지기
- 체력 점수가 0점이 되었을 때 게임 종료하기
- 행운 점수가 5점이 되었을 때 게임 종료하기

2) 스프라이트 및 무대 준비

[스프라이트 고르기]에서 cat, Mouse1, Rocks 스프라이트를 추가한 후 톰, 제리, 돌맹이로
이름을 변경한다.

각 스프라이트를 적당한 크기(톰 : 60, 제리: 50, 돌맹이: 40)로 변경한다.

제리는 방향을 180도 바꾸어 아래를 보게 한다.

[배경 고르기]에서 Stripes 배경을 선택한다.

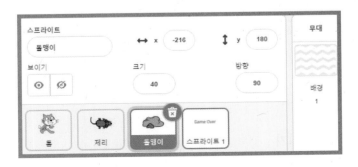

3) 톰 좌우로 움직이기

톰 스프라이트를 선택한다.

톰을 키보드의 화살표 키를 이용해 좌우로 움직인다.

톰의 회전방향을 정보창에서 '왼쪽/오른쪽'으로 바꿔야 회전하지 않고 [−90도 방향보기]
로 왼쪽을 향할 수 있다.

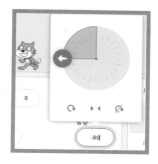
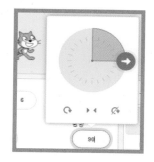

[(−90도) 방향보기]   [(90도) 방향보기]

오른쪽 화살표 키를 누르면 오른쪽을 보고 움
직이도록 하기 위해서 [90도 방향보기]와 [10
만큼 움직이기]를 이용한다.

왼쪽 화살표 키를 누르면 왼쪽을 보고 움직이
도록 하기 위해서 [−90도 방향보기]와 [10만
큼 움직이기]를 이용한다.

4) 변수 만들기

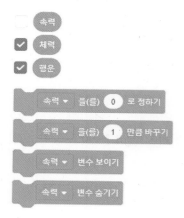

'속력', '체력', '행운'을 각각 변수로 만든다.

[속력] 변수 – 게임의 속도를 조절하기 위함

[행운] 변수 – 제리를 잡았을 때 행운 점수를 높이기 위함

[체력] 변수 – 돌맹이에 맞았을 때 체력을 감소시키기 위함

5) 돌맹이 복제하기

1 돌맹이 스프라이트를 선택한다

2 돌맹이가 좌우로 랜덤하게 나타나게 하기 위해 x 값은 범위 안에서 난수를 사용한다.

[x: (−240)부터 (240) 사이의 난수 y: (180)로 이동하기] 블록을 이용하여 위치를 잡는다.

돌맹이가 항상 꼭대기에서 떨어지기 때문에 y 값은 180으로 고정이다.

3 돌맹이가 위치를 잡은 후 자신을 복제한다.

4 돌맹이가 복제된 후 나타날 때 각각 다른 지연시간을 줘서 자연스럽게 돌맹이가 복제되어 떨어지도록 한다.

5 게임이 계속 진행되야 하므로 무한 반복된다.

게임이 처음 시작될 때 돌맹이는 숨기기 한다.

6) 돌맹이 랜덤하게 떨어지기

돌맹이가 복제된 후 이벤트가 발생하도록 코딩을 한다.

돌맹이가 떨어지는 속도를 랜덤하게 하기 위해 [속력] 변수를 생성한다.

[속력] 변수의 초기값을 '난수'를 사용하여 돌맹이가 떨어지는 속력을 랜덤하게 만든다.

숨기기 했던 돌맹이는 복제되었을 때 [보이기] 한다.

떨어지는 돌맹이는 y좌표가 −170보다 작아질 때까지 계속해서 y값을 (속력* (−1)) 만큼씩 바꾸기 하여 아래로 떨어지도록 한다.

y좌표가 −170보다 작아져서 반복문이 끝나면 돌맹이는 사라져야 하므로 [이 복제본 삭제하기]를 이용한다.

7) 체력점수 계산하기

돌맹이 스프라이트를 선택한다.

돌맹이가 [톰에 닿았는가]를 체크하고 결과가 '참'(닿았다면)이면 '체력' 점수를 1 감소시킨다.

톰에 돌맹이가 닿으면 돌맹이를 사라지게 한다.

8) 행운점수 쌓기

제리 스프라이트를 선택한다.

게임이 시작될 때 체력=5, 행운=0으로 초기화시켜야 한다.

톰이 제리를 잡았는지 [톰에 닿았는가?]를 체크한다.

톰이 제리를 잡을 때마다 [행운] 변수를 1씩 증가시킨다.

9) 게임 종료하기

행운 점수가 5이거나 체력 점수가 0이면 게임을 종료한다.

게임이 종료되면 "Game Over" 출력하기

스프라이트 정보창에서 [그리기]를 선택한 후 [모양] 탭에서 [텍스트] 도구를 클릭한 후 'Game Over'를 입력하여 스프라이트에 등록한다. 'Game Over' 스프라이트를 선택한 후 게임을 종료시키기 위한 코딩을 한다.

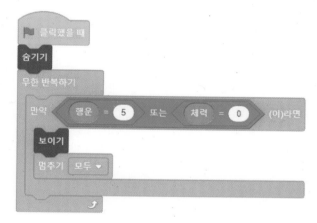

게임이 처음 시작되었을 때는 [숨기기] 한다.

행운 점수=5이거나 체력 점수=0이면 스프라이트를 [보이기] 하여 'Game Over'를 출력한다.

게임이 종료되도록 모든 스프라이트를 멈춘다.

2개의 조건이 모두 만족했을 때 '참'이 된다.

[글자] 변수에 있는 글자 수를 카운팅해서 [대답] 변수의 글자를 한자씩 말한다.

[대답] 변수의 글자 수만큼 반복한다.

y좌표값은 180으로 고정하고 x좌표값이 난수값으로 무대 최상단의 좌, 우로만 이동한다.

게임이 시작되면 [체력] 변수의 초기값을 '5'로, [행운] 변수의 초기값을 '0'으로 정한다.

연습
문제

1. 톰과 제리 게임이 시작하면 돌맹이를 임의의 위치에서 나타나게 하려고 한다. 아래 돌맹이 스프라이트 코딩에서 [(나 자신) 복제하기] 블록을 위치시켜야 하는 적절한 위치는 어디인가?

```
🏳 클릭했을 때
┌─────────────────────────┐
│            1            │
├─────────────────────────┤
│            2            │
└─────────────────────────┘
 x: -240 부터 240 사이의 난수  y: 180 (으)로 이동하기
┌─────────────────────────┐
│            3            │
└─────────────────────────┘
 0.5 부터 1 사이의 난수  초 기다리기
```

2. 톰 스프라이트를 방향키를 이용해 좌우로 움직이려고 한다. 우로 움직일 때는 오른쪽을 보고 좌로 움직일 때는 왼쪽을 볼 수 있도록 방향보기 설정을 하려 한다. 1, 2번 빈칸에 들어갈 블록은 무엇인가?

```
무한 반복하기
 만약  오른쪽 화살표 ▼  키를 눌렀는가?  (이)라면
  ┌─────────────────────┐
  │          1          │
  └─────────────────────┘
   10 만큼 움직이기

 만약  왼쪽 화살표 ▼  키를 눌렀는가?  (이)라면
  ┌─────────────────────┐
  │          2          │
  └─────────────────────┘
   10 만큼 움직이기
```

①

3. 아래 예시 블록의 활용에 대한 설명이 바르지 못한 것은 무엇인가?

hello 와 world 결합하기

① 첫 번째 빈칸에 있는 문자와 두 번째 빈칸에 있는 문자를 연결한다.
② 각 빈칸에 또 다른 블록이 결합될 수 있다.
③ 각 빈칸에 숫자를 넣어 덧셈을 할 수도 있다.
④ 예시 블록 자체가 다른 빈칸에 결합될 수도 있다.

4. 아래 예제는 '돌맹이' 스프라이트가 복제되었을 때 실행되는 예제이다. 블록에 대한 설명이 바르지 않은 것은 무엇인가?

① 돌맹이가 떨어지는 속도는 랜덤하게 떨어진다.
② 복제되었을 때 돌맹이 모습이 나타난다.
③ 돌맹이는 y좌표값이 −170보다 작으면 사라진다.
④ y좌표값이 −180이면 돌맹이는 아래로 떨어진다.

5. 행운 점수가 5점이거나 체력 점수가 0점일 때 스프라이트를 보이게 하려고 한다. 블록의 빈칸에 들어갈 조건 블록이 제대로 된 것은 무엇인가?

①
행운 = 5 또는 체력 = 0

② 행운 = 5 그리고 체력 = 0

③ 행운 = 5 이(가) 체력 = 0 을(를) 포함하는가?

④ 행운 > 5 이(가) 체력 > 0 을(를) 포함하는가?

6. 아래 블록은 제리 스프라이트 코딩으로 톰이 제리를 잡으면 행운 점수를 1점씩 증가시키기 위한 블록이다. 조건문 블록의 조건에 들어갈 알맞은 블록은 무엇인가?

① 톰 ▼ 에 닿았는가?

② 제리 ▼ 에 닿았는가?

③ 돌맹이 ▼ 에 닿았는가?

④ 벽 ▼ 에 닿았는가?

7. 다음은 게임이 종료되는 조건이 만족되면 'Game Over' 스프라이트를 출력시키는 결합
블록이다. (1)(2)번 블록에 필요한 블록은 무엇인가?

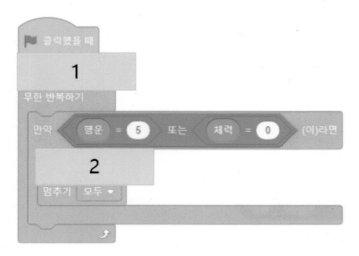

8. 다음 블록의 결과는 무엇인가?

9. 다음 블록의 결과에서 결코 나올 수 없는 글자는 무엇인가?

10. 다음 블록의 결과는 무엇인가?

① 200300

② 200과 300

③ 500

④ 300

정답   1. ③   2. 1-1, 1-2   3. ③   4. ④   5. ①   6. ①   7. (1) 숨기기, (2) 보이기   8. a5   9. k, y   10. ①

아날로그 시계 만들기

학습목차

1. 약수 구하기
2. 소수 구하기
3. 아날로그 시계 만들기

학습목표

- 연산 블록을 이용하여 약수를 구하고 리스트 블록을 이용하여 약수의 리스트를 작성할 수 있다.
- 나누어 떨어지는 수의 개수를 구해 소수인지 파악해 볼 수 있다.
- 감지 블록의 시, 분, 초 블록과 연산 블록을 결합하여 아날로그 시계를 제작할 수 있다.

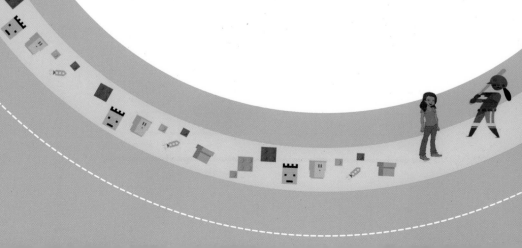

1 약수 구하기

1) 약수란 무엇인가?

> **약수란**
> • 어떤 수를 나누어 떨어지게 하는 수

- '1'은 모든 수의 약수이다.
- '6'은 1, 2, 3, 6으로 나누어 떨어지므로 6의 약수는 1, 2, 3, 6이다.
- 약수를 구하기 위해서 수를 1씩 증가시키면서 나누어 나머지가 '0'이 되면 그 수는 약수이다.

2) 약수 구하기 예제

스토리보드

1 약수를 구하고 싶은 수를 묻고 기다리기

2 대답으로 얻은 수를 1부터 차례대로 나누어 본다.

3 나눈 나머지가 '0'이면 약수 리스트에 저장한다.

4 구한 약수를 하나씩 말한다.

3) 약수를 구하고 싶은 숫자 묻기

- [("약수를 구하고 싶은 수를 입력하세요") 묻고 기다리기] 블록을 이용한다.

- 질문에 대한 답은 [대답] 블록에 자동으로 저장된다.

- [숫자] 변수를 생성한다.

- [대답] 블록 저장 값을 [숫자] 변수에 저장한다. 대답으로 얻은 답을 한자씩 활용하기 위해서는 변수로 다시 저장해야 한다.

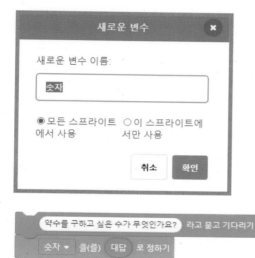

4) 숫자를 나누어 나머지가 '0'인지 체크하기

- 대답으로 얻은 숫자를 한 숫자씩 증가시키면서 나누어야 하기 때문에 [나누는수] 변수를 생성한다.

- 대답으로 얻은 [숫자] 변수 안에 저장된 수를 [나누는수]로 나눈다. 이때 '1'부터 나누도록 한다.

- 나눈 나머지가 '0'이면 약수이다.

5) 약수를 나열할 리스트 만들기

- [약수리스트]를 작성하기 위해서 [약수리스트]라는 이름의 새로운 리스트를 생성한다.

[약수리스트] 리스트를 만들면 아래와 같이 필요한 여러 블록들이 자동으로 생성된다.

- 나누어 떨어지는 수(나누는수)는 [약수 리스트]에 저장한다.

- [약수리스트] 블록에 체크하면 약수리스트가 화면에 표시된다.

• 대답으로 얻은 [숫자] 변수 안에 저장된 숫자까지 1씩 증가시키면서 나누어 본다.

6) 변수 값 초기화시키기

🔲 [약수리스트] 블록의 초기화

리스트 값의 초기화는 변수 값의 초기화와는 조금 다르다.

변수는 보통의 경우 '0'으로 정하면 되지만 리스트의 경우 하나의 값이 아니라 여러 개의 값이 저장되어 있기 때문에 모든 항목을 삭제해야 한다.

🔲 [나누는수]는 '1'로 초기화

[나누는수] 변수는 '0'으로 초기화하면 '0'으로 나누는 식이 만들어지므로 연산상의 오류가 되기 때문에 '1'로 초기화해야 한다.

🔲 [액수개수]는 '0'으로 초기화

[약수개수] 변수는 '0'으로 초기화한다.

7) 약수 말하기

- [약수리스트] 항목 수만큼 반복하기
- [약수개수]를 '1'씩 증가시키면서
- 약수리스트 항목을 하나씩 말하기

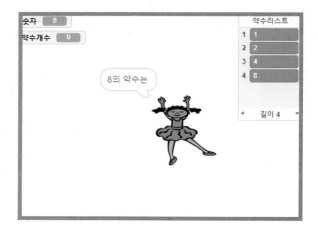

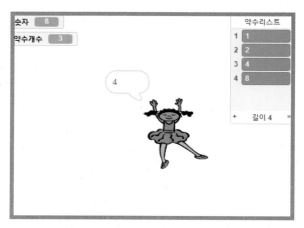

8) [약수 구하기] 전체 스크립트 완성

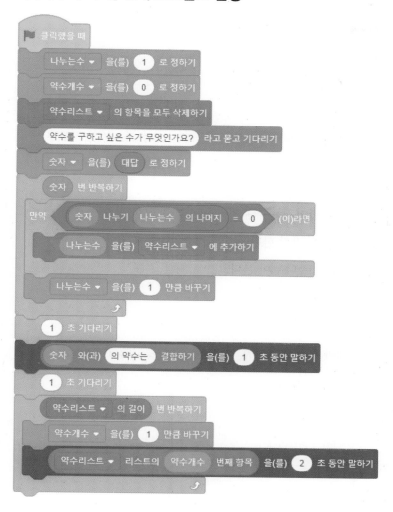

2 소수 구하기

1) 소수란 무엇인가?

소수란

• 1과 자신만의 수로 나누어 떨어지는 1보다 큰 양의 정수

$$2 = 1 \times 2$$
$$3 = 1 \times 3$$
$$7 = 1 \times 7$$
$$\vdots$$
$$19 = 1 \times 19$$

2, 3, 5, 7, 11, 13, 17, 19 … 등이 소수이다.

2) 소수 구하기 스토리보드

(1) 소수를 구하기 위해서는 나누어 떨어지는 개수가 '2'인지를 체크한다.

(2) 소수를 구하고 싶은 수를 묻고 기다리기 한다.

(3) 대답으로 얻은 수를 1부터 차례대로 나누어 본다.

(4) 나눈 나머지가 '0'이 되는 수가 2개이면 소수이다.

(5) 소수의 개수를 구한다.

(6) 숫자들을 하나씩 바꾸기를 해야 하므로 [숫자], [나누는수], [개수]를 변수로 생성한다.

3) [숫자], [나누는수] [개수] 변수 생성하기

- 대답으로 얻은 수를 [숫자] 변수에 저장하기 위해 [숫자] 변수를 생성한다.

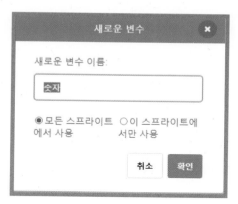

- 계속 나누어야 하므로 [나누는수] 변수도 생성한다.

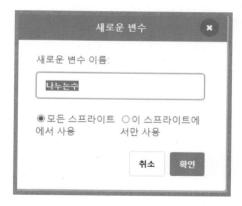

4) 숫자를 '1'씩 증가키면서 나누기

- 대답으로 얻은 숫자를 [숫자] 변수에 저장한 후 [나누는수]로 나누어 나머지가 '0'이
  되는 숫자를 구한다.

- 나머지가 '0'이 되는 숫자의 개수를 세어야 하므로 [개수] 변수를 생성한다.

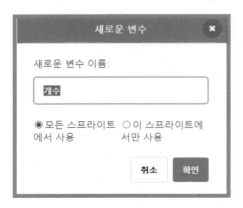

- [숫자]에 있는 수를 [나누는수]로 나눈 나머지를 구한다.

- 나머지가 '0'이면 [개수] 변수를 1씩 증가시킨다.

- 계속 [나누는수]를 1씩 증가시키며 나눈다.

- [나누는수]가 [숫자]보다 클 때까지 반복한다. 즉, 대답으로 얻은 숫자까지 나누어 본다.

5) 변수 초기화시키기

[개수], [나누는수] 변수는 계속 누적되기 때문에 게임 초기에 변수를 초기화시킨다.

- [개수]는 '0'으로 정하기

- [나누는수]는 '1' 로 정하기

- 질문에 대한 [대답]은 [숫자]에 저장하기

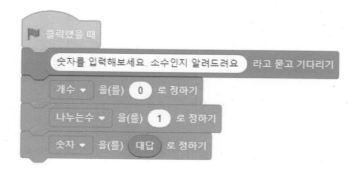

6) 소수인지 아닌지 말하기

나누어 나머지가 '0'인 숫자를 세는 [개수] 변수 값이 '2' 이면 [숫자] 변수 값은 소수이다.

[만약 ~(이)라면 ~아니면] 블록을 사용하여 두 가지 경우를 한꺼번에 코딩한다.

7) [소수 구하기] 전체 스크립트 완성

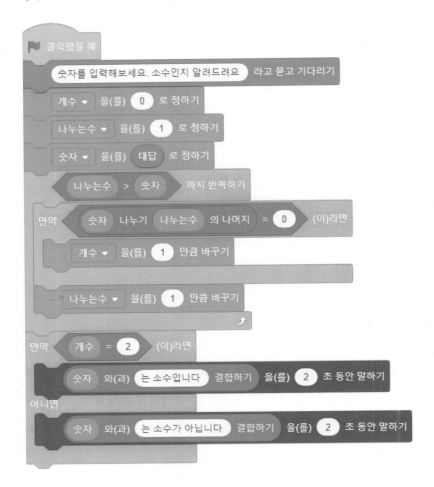

3 ▶ 아날로그 시계 만들기

아날로그 시계는 시계바늘이 움직이면서 시각을 가리키는 시계이다.

시침, 분침, 초침 등이 360도 원을 회전하면서 시각을 보여준다.

먼저, 각 시계바늘의 회전 각도를 구해야 한다.

현재의 시각은 [감지 블록]에 있는 [현재 (초)], [현재 (분)], [현재 (시)] 블록을 이용한다.

병아리 스프라이트를 클릭하면 디지털 시계 형식으로 현재 시각을 말한다.

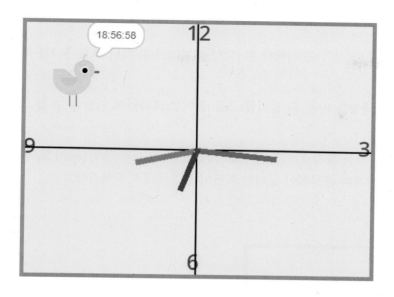

1) 시계 배경 및 시계 바늘 스프라이트 만들기

1 스프라이트 정보창에서 [그리기]를 선택한 후 [모양]에서 시계 배경을 그린다.

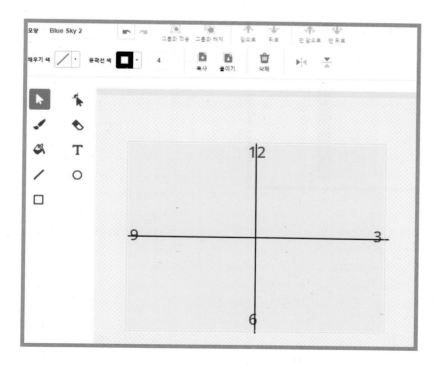

2 시침, 분침, 초침 그리기

스프라이트 정보창에서 [그리기]를 선택한 후 [모양]에서 초침을 하나 그린 후 2개 복제한다.

복제한 스프라이트는 색상을 바꾼 후 길이를 조금 줄여 스프라이트 이름을 '분침'으로 한다.

복제한 나머지 하나는 가장 짧게 길이를 줄이고 이름을 '시침'이라 정한다. 시침, 분침, 초침 모두 끝에 이미지의 중심점이 있어야 회전이 동일하게 이루어진다.

▌**초침**

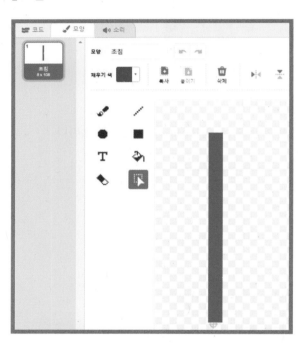

▌분침

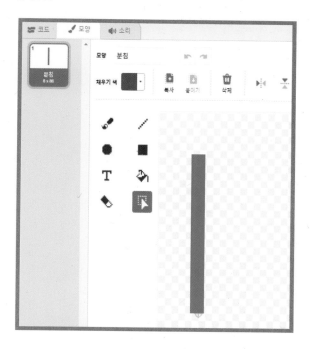

▌시침

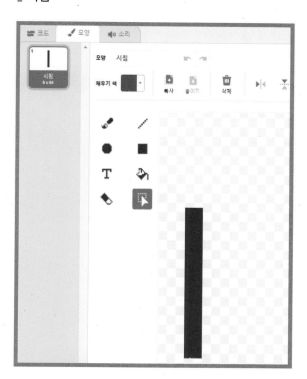

2) 초침 움직이기

초침은 총 360도를 60초로 나누어 회전한다. 즉, 초당 6도씩 돈다.

초침이 항상 12에서부터 각도만큼씩 회전해야 한다.

[( )도 방향보기] 블록을 이용해 현재 초침의 각도 방향을 정한다.

초침의 각도는 90 + (현재 '초')*6이 된다.

🟦 초침 스크립트

초침의 회전 중심은 항상 (x:0 y:0)이다.

3) 분침 움직이기

분침은 총 360도를 60분으로 나누어 회전한다. 즉, 분당 6도씩 돈다.

분침이 항상 12에서부터 각도만큼씩 회전해야 한다.

[( )도 방향보기] 블록을 이용해 현재 분침의 각도 방향을 정한다.

분침의 각도는 90 + (현재 '분')*6이 된다.

🟦 분침 스크립트

분침의 회전 중심은 항상 (x:0 y:0)이다.

4) 시침 움직이기

시침은 총 360도를 12시간으로 나누어 회전한다. 즉, 시간당 30도씩 돈다.

시침은 분침이 도는 만큼 30도 안에서 분수만큼 더 회전한다.

시침이 항상 12에서부터 각도만큼 회전해야 한다.

[( )도 방향보기] 블록을 이용해 현재 시침의 각도 방향을 정한다.

시침의 각도는 90 + (현재 '시')*30 + (현재 '분')*0.5이 된다.

(*0.5는 한 시간 안이 30도이고 30도를 60분에 나눠서 움직이게 되므로 30/60을 소수로 표현한 것이다.)

🗂 시침 스크립트

시침의 회전 중심은 항상 (x:0 y:0)이다.

5) 디지털 시각 말하기

'병아리' 스프라이트를 클릭하면 디지털 시계 형식으로 시간을 말한다.

▌ "21:22:09" 형태로 말하기

- 디지털 시각은 감지 블록 카테고리에 있는 블록에서 현재 시각을 얻어온다.

- 연산 블록 카테고리에 있는 블록으로 시각을 구성한다.

- 형태 블록 카테고리에 있는 블록으로 시각을 말한다.

- 스프라이트를 클릭할 때마다 디지털 시각을 알려주게 해서 시각을 원하는 시간에 바로바로 볼 수 있다.

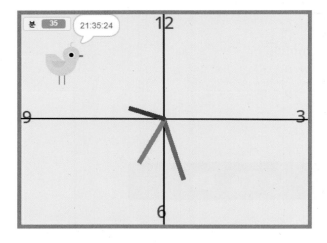

소수 구하기

> 나누는수 > 숫자 까지 반복하기
> 만약 숫자 나누기 나누는수 의 나머지 = 0 (이)라면
> 개수 ▼ 을(를) 1. 만큼 바꾸기
> 나누는수 ▼ 을(를) 1 만큼 바꾸기

약수 구하기

> 숫자 번 반복하기
> 만약 숫자 나누기 나누는수 의 나머지 = 0 (이)라면
> 나누는수 을(를) 약수리스트 ▼ 에 추가하기
> 나누는수 ▼ 을(를) 1 만큼 바꾸기

아날로그 시계

시침

> 90 + 현재 시 ▼ * 30 + 현재 분 ▼ * 0.5 도 방향 보기

분침

> 90 + 현재 분 ▼ * 6 도 방향 보기

초침

> 90 + 현재 초 ▼ * 6 도 방향 보기

연습문제

1. 약수를 구하는 스크립트의 일부이다. 변수 초기화 값이 '1' 이어야 하는 변수는 무엇인가?

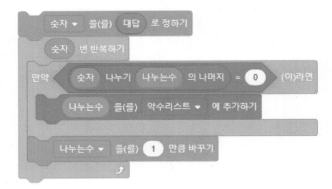

① [대답]
② [숫자]
③ [나누는수]
④ [약수리스트]

2. 다음은 소수를 판별하는 코드의 일부이다. 만일 입력한 [숫자]가 45라면 코딩이 실행된 후 마지막 [나누는수]는 얼마인가?

3. 아래 블록에 대한 설명이 바르지 않은 것은 무엇인가?

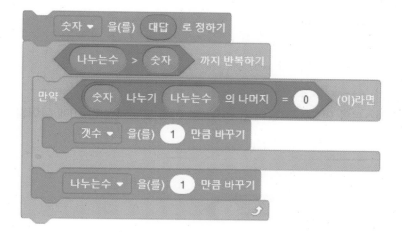

① 질문에 대한 답은 [대답] 변수에 자동으로 저장된다.
② [(⋯)라고 묻고 기다리기] 블록은 자동으로 대답할 수 있는 입력 박스를 생성한다.
③ [숫자]는 변수 블록이다.
④ [대답] 변수는 변수 카테고리에서 새롭게 생성한 변수이다.

4. [대답] 변수에 '8'이 저장되었을 때 다음 블록에 대한 설명이 바르지 않은 것은 무엇인가?
① 소수를 구하는 블록이다.
② [숫자] 변수에 '8'이 저장된다.
③ [나누는수]가 '8'일 때까지 반복한다.
④ [개수]가 '2'일 때의 [숫자]는 소수이다.

5. 아래 코딩은 소수를 구하는 예제의 일부이다. 1과 자기 자신으로만 나누어 떨어지는 숫
자의 개수를 [개수] 변수에 저장하고 사용자가 소수인지를 구하고 싶은 숫자는 [숫자] 변
수에 저장한다. [개수] 변수와 [나누는수] 변수의 초기값은 얼마인가?

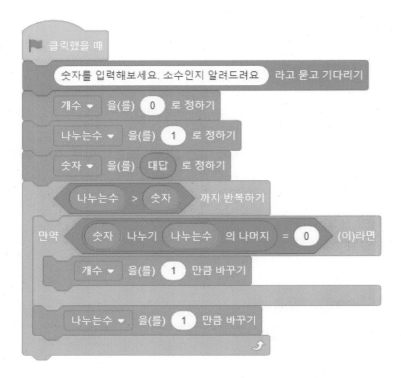

6. 다음 블록은 약수리스트를 만드는 코딩이다. [숫자]의 아래 블록의 빈칸 (1)에 들어갈 변
수는 무엇인가?

7. 다음은 아날로그 시계의 초침에 대한 코딩이다. 빈칸 (1), (2)에 알맞은 숫자는 무엇인가?

8. 다음은 아날로그 시계의 분침에 대한 코딩이다. 빈칸 (1), (2)에 알맞은 숫자는 무엇인가?

9. 다음은 아날로그 시계의 시침에 대한 코딩이다. 빈칸 (1), (2)에 알맞은 숫자는 무엇인가?

10. 스프라이트를 클릭하면 디지털 시각을 말해주도록 하기 위해서 아래 블록의 상단에 결합시킬 블록은 무엇인가?

다양한 도형 그리기_펜 블록

학습목차

1. 펜 블록 활용하기
2. 정 다각형 그리기
3. 삼각형 방사능 그리기
4. 별 모양 그리기

학습목표

- 펜 블록을 이용하여 정삼각형, 정사각형, 정오각형 등을 그릴 수 있다.
- 변수 블록으로 길이를 조절하고 각도를 변경하면서 방사능 모양을 그릴 수 있다.
- 임의의 위치로 움직이면서 여러 색깔의 별을 그릴 수 있다.

1 펜 블록 활용하기

1) 펜 블록 추가하기

펜 블록은 스크래치3.0 버전부터 메인 카테고리가 아닌 [확장 기능 추가하기]에 들어있다.

[확장 기능 추가하기]를 클릭한 후 여러 카테고리에서 [펜 블록]을 선택한다.

메인인 카테고리에 펜 블록 모음들이 생겼다.

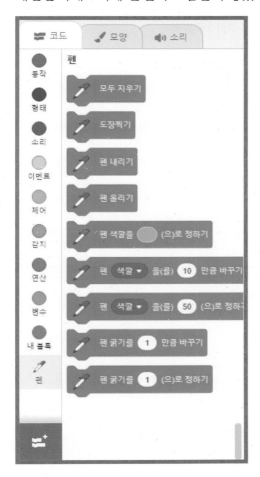

2) 펜 블록의 종류

펜 블록의 종류	설명
모두 지우기	펜이 작업한 모든 것을 지워준다.
도장찍기	복사본을 만든다.
펜 내리기	그림을 그릴 수 있게 한다.

펜 블록의 종류	설명
펜 올리기	그림 그리기를 멈춘다.
펜 색깔을 ◯ (으)로 정하기	펜의 색깔을 정한다.
펜 색깔 ▼ 을(를) 50 (으)로 정하기 ✓ 색깔 채도 명도 투명도	펜의 색깔(채도, 명도, 투명도)를 숫자만큼으로 정한다.
펜 색깔 ▼ 을(를) 10 만큼 바꾸기 ✓ 색깔 채도 명도 투명도	펜의 색깔(채도, 명도, 투명도)를 지정한 숫자만큼 바꾼다.
펜 굵기를 1 (으)로 정하기	펜의 굵기를 ( )만큼 정한다.
펜 굵기를 1 만큼 바꾸기	펜 굵기를 ( )만큼 바꾼다.

3) 펜 색깔 알아보기

반복할 때마다 펜의 색깔을 바꾸기 위해 [색깔] 변수를 사용한다.

색깔을 매번 5만큼씩 바꾼다.

색깔이 red, green, blue(rgb) 칼라로 나오는 것을 확인할 수 있다.

펜 내리기

색깔 ▼ 을(를) 0 로 정하기

25 번 반복하기

펜 색깔 ▼ 을(를) 색깔 (으)로 정하기

펜 굵기를 50 (으)로 정하기

15 만큼 움직이기

색깔 ▼ 을(를) 5 만큼 바꾸기

2 정다각형 그리기

모든 다각형의 기본은 삼각형이다. 삼각형을 그리는 법을 배우면 다른 다각형도 그리기 쉬워진다.

사각형은 삼각형이 두 개 합쳐졌고 오각형은 삼각형이 세 개가 합쳐져서 이루어진 도형이다.

1) 정삼각형 그리기

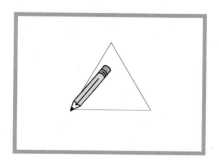

(1) 회전 각도 알기

정삼각형을 그리기 위해서는 정삼각형 한 외각의 크기를 알아야 한다.

펜이 그림을 그리는 원리를 잘 파악해야 한다. 삼각형을 그릴 때 밑변을 그린 후 왼쪽으로 꺾어질 때 정삼각형 내각이 60도이므로 외각인 120도로 꺾어서 그리게 된다.

즉, 이 경우 삼각형의 회전 각도를120도씩 회전하면서 그림을 그려야 한다는 것을 먼저 알아야 한다.

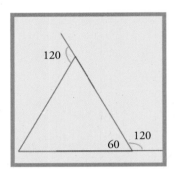

(2) 펜 방향 보기/중심점 일치시키기

연필 스프라이트를 이용해 그림을 그릴 경우에는 방향보기 설정을 잘 해야 한다.

또한 연필 촉이 그리는 중심점에 와 있는지 [모양]에서 중심점을 연필 촉과 일치시켜야 한다.

✏	90 도 방향보기	
✏	-90 도 방향보기	
✏	0 도 방향보기	
✏	180 도 방향보기	

(3) 정삼각형 코딩하기

[펜 내리기] 하면 그림을 그리기 시작하는 것이고 [펜 올리기]하면 그림 그리는 것을 멈춘다.

펜의 초기 위치값

펜의 방향 잡기

전에 그렸던 그림 모두 지우기

그림 그리기 시작하기

삼각형 길이 (200)

회전 각도 (120도)

그림 그리는 것을 중단한다.

2) 정사각형 그리기

(1) 펜의 회전 각도 구하기

정사각형을 그릴 때에도 펜의 회전 각도를 구하는 식과 펜의 중심 잡기 등은 정삼각형 그리기와 같다.

사각형을 그릴 때 밑변을 그린 후 꺾어질 때 정사각형 내각이 90도이므로 외각은 90이다.

따라서 펜의 회전 각도는 90도이다.

(2) 정사각형 코딩하기

정사각형의 길이는 200

90도씩 4번 회전한다.

3) 정오각형 그리기

(1) 펜의 회전 각도 구하기

정오각형의 오각의 합은 540도이다.

(정오각형은 삼각형 3개가 합쳐져서 생성되기 때문이다.)

정오각형의 한 내각이 108도이므로 한 외각은 72도이다.

따라서 펜의 회전 각도는 72도이다.

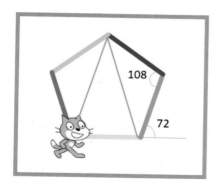

(2) 정오각형 코딩하기

펜 굵기는 10으로 정한다.

펜 색깔은 반복할 때마다 10씩 바꾼다.

오각형의 길이는 150

72도씩 회전한다.

③ 삼각형 방사능 그리기

1) 삼각형 방사능 회전 각도 구하기

1 시작하는 첫 꼭지점의 방향을 120도씩 돌리면서 삼각형을 그린다.

2 그 다음 삼각형은 같은 꼭지점에서 길이를 좀 더 길게 해서 또 삼각형을 그린다.

3 이렇게 여러 번 반복하여 한 쪽의 삼각형 군이 다 완성되면 펜을 120도 회전시켜 옆으로 이동한다.

4 1,2 번을 반복해서 삼각형을 그린다.

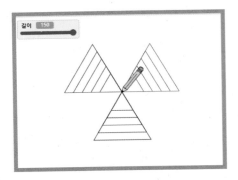

2) 길이가 다른 삼각형 그리기

(1) [길이] 변수 만들기
매번 삼각형의 길이가 달라져야 하기 때문에 [길이] 변수를 사용해야 한다.

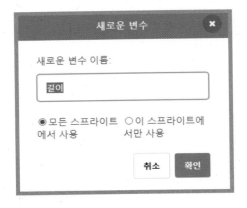

(2) 길이를 20만큼씩 더 길게 5개의 삼각형을 겹쳐서 그린다.
정삼각형 코딩을 응용해서 그린다.

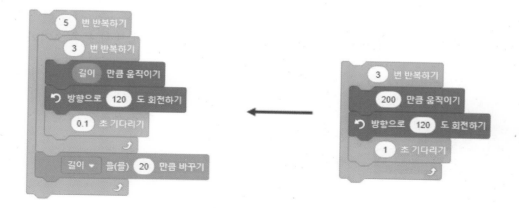

(정삼각형)

3) 120도 돌려 삼각형 그리기

펜의 색깔은 난수로 정한다.

120도 돌린 후 다시 5개의 삼각형을 반복해서 그린다.

처음 삼각형의 길이를 50으로 정함

계속 더 큰 삼각형으로 5번 그림

삼각형 그리기

하나의 삼각형을 다 그린 후 길이를
20만큼 추가하기

4) 펜의 초기화

다시 처음부터 그림을 그려야 하므로 기존에 움직였던 펜의 위치, 크기, 방향 등을 초기화 시킨다.

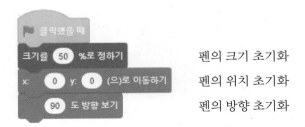

펜의 크기 초기화
펜의 위치 초기화
펜의 방향 초기화

5) 삼각형 방사능 전체 스크립트

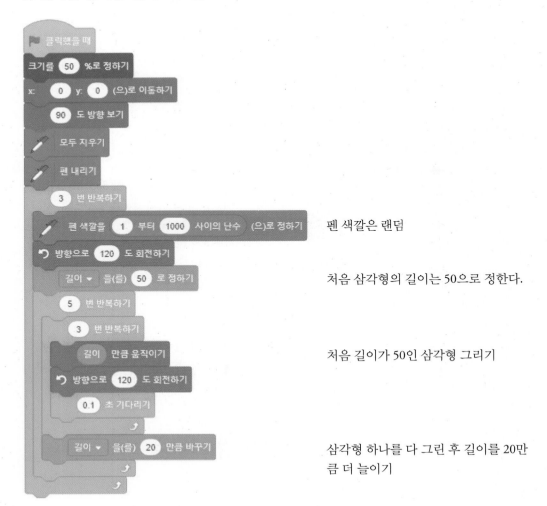

펜 색깔은 랜덤

처음 삼각형의 길이는 50으로 정한다.

처음 길이가 50인 삼각형 그리기

삼각형 하나를 다 그린 후 길이를 20만큼 더 늘이기

4 별 모양 그리기

1) 별 모양 그리기 스토리보드

하나의 별을 먼저 그린다.

여러 개의 별이 임의의 위치에 그려지도록 한다.

펜이 이동할 때는 이동하는 선이 나타나지 않아야 한다.

별은 다양한 색깔로 나타난다.

2) 별의 회전 각도 구하기

별의 한 꼭지 각도는 36이 된다.

별 모양의 꼭지점을 연결하면 오각형이 되고 따라서 별 모양의 한 꼭지각은 36이다.

스프라이트를 회전시켜 선을 그으려면 외각이 $180 - 36 = 144$이다.

따라서 별 모양 회전 각도는 36도이다.

144도씩 5번 회전하면 별 모양이 그려진다.

3) 위치 이동하면서 별 그리기

하나의 별을 그리고 임의의 위치로 이동한다.

난수로 별 이동 위치를 조절한다.

펜의 색깔을 바꾼다.

별 하나를 다 그린 후 임의의 위치로 이동할 때는 선이 그려지지 않아야 한다. (펜 올리기)

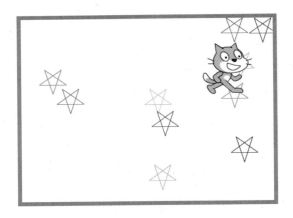

10 번 반복하기

x: -200 부터 200 사이의 난수 y: -150 부터 150 사이의 난수 (으)로 이동하기

펜 색깔을 30 만큼 바꾸기

펜 내리기

5 번 반복하기

50 만큼 움직이기

방향으로 144 도 회전하기

펜 올리기

0.5 초 기다리기

전체스크립트

클릭했을 때

x: -102 y: -62 (으)로 이동하기

90 도 방향 보기

모두 지우기

10 번 반복하기

x: -200 부터 200 사이의 난수 y: -150 부터 150 사이의 난수 (으)로 이동하기

펜 색깔을 30 만큼 바꾸기

펜 내리기

5 번 반복하기

50 만큼 움직이기

방향으로 144 도 회전하기

펜 올리기

0.5 초 기다리기

펜 블록의 종류	설명
모두 지우기	펜이 작업한 모든 것을 지워준다.
도장찍기	복사본을 만든다.
펜 내리기	그림을 그릴 수 있게 한다.
펜 올리기	그림 그리기를 멈춘다.
펜 색깔을 ( ) (으)로 정하기	펜의 색깔을 정한다.
펜 색깔 ▼ 을(를) 50 (으)로 정하기 ✓ 색깔 채도 명도 투명도	펜의 색깔(채도, 명도, 투명도)를 숫자만큼으로 정한다.
펜 색깔 ▼ 을(를) 10 만큼 바꾸기 ✓ 색깔 채도 명도 투명도	펜의 색깔(채도, 명도, 투명도)를 지정한 숫자만큼 바꾼다.
펜 굵기를 1 (으)로 정하기	펜의 굵기를 ( )만큼 정한다.
펜 굵기를 1 만큼 바꾸기	펜 굵기를 조절한다.

정삼각형 그리기

정삼각형 내각이 60도이므로 외각인 120도로 꺾어서 그리게 된다.

정사각형 그리기

정사각형의 한 내각이 90도이므로 회전 외각은 90도이다.

정오각형 그리기

정오각형의 한 내각은 108도이고 따라서, 한 외각은 72도이다.

별 그리기

별 모양의 꼭지점을 연결하면 오각형이 되고 따라서 별 모양의 한 꼭지각은 36이다.
스프라이트를 회전시켜 선을 그을려면 외각이 180 − 36 = 144이다.

1. 아래 결합 블록은 도형을 그리는 예제이다. 설명이 바르지 못한 것은 무엇인가?

① [펜 내리기] 블록이 있어야 그림을 그릴 수 있다.
② 그려지는 도형의 한 변의 길이가 150인 정다각형이다.
③ 블록의 빈칸에 각각 순서대로 4, 90이면 정사각형이 된다.
④ 블록의 빈칸에 각각 순서대로 5, 108이면 정오각형이 된다.

2. 다음 중 제시된 블록의 쓰임에 대한 설명이 바르지 못한 것은 무엇인가?

① 펜의 색깔을 10만큼 바꿀 수도 있다.
② 펜의 채도를 10만큼 바꿀 수도 있다.
③ 펜의 명도를 10만큼 바꿀 수도 있다.
④ 펜의 굵기를 10만큼 바꿀 수도 있다.

3. 다음 보기 중 펜 블록을 이용해 그림을 그리기 위해 반드시 필요한 블록은 무엇인가?

① 🖊 도장찍기

② 🖊 펜 내리기

③ 🖊 펜 올리기

④ 🖊 펜 색깔을 ◯ (으)로 정하기

해설 펜 블록으로 그림을 그리기 위해서는 [펜 내리기] 블록이 있어야 한다.

4. 정삼각형을 그리기 위한 결합 블록은 무엇인가?

① 3 번 반복하기
　　120 만큼 움직이기
　　↶ 방향으로 90 도 회전하기

② 3 번 반복하기
　　120 만큼 움직이기
　　90 도 방향 보기

③ 4 번 반복하기
　　200 만큼 움직이기
　　↶ 방향으로 90 도 회전하기

④ 3 번 반복하기
　　150 만큼 움직이기
　　↶ 방향으로 120 도 회전하기

해설 삼각형은 회전 각도가 120도이고 3회 반복한다.

5. 펜슬 스프라이트의 [(90도) 방향보기]가 아래 그림(1) 이미지와 같다. 그림(2)와 같이 펜슬의 끝이 정확히 삼각형 그림을 그릴 수 있도록 하려고 한다. 설명이 바르게 된 것은 무엇인가?

그림(1)

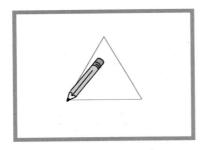
그림(2)

① 펜슬 스프라이트가 [(180도) 방향보기]로 되어있어야 한다.
② [모양]에서 펜슬 끝을 중심점과 일치시켜야 한다.
③ 펜슬 스프라이트의 위치가 x:0 y:0이어야 한다.
④ 펜슬 스프라이트가 [오른쪽으로 (15)도 회전하기]로 되어있어야 한다.

6. 다음 결합 블록에 대한 설명이 바르지 않은 것은 무엇인가?

```
5 번 반복하기
펜 굵기를 10 (으)로 정하기
펜 색깔 ▼ 을(를) 10 만큼 바꾸기
150 만큼 움직이기
↻ 방향으로 72 도 회전하기
```

① 오각형을 그리는 코딩이다.
② 길이가 150이 되는 도형이다.
③ 도형의 각 선분의 색깔이 10만큼씩 바뀐다.
④ 도형의 각 선분의 굵기가 10만큼씩 바뀐다.

7. 다음 중 별을 그리는 코딩이 잘 된 것은 무엇인가?

①

②

③

④

해설 그림을 그리려면 [펜 내리기]가 되어야 한다.

8. 그리는 도형의 각 선분의 색깔을 한가지로 통일하려면 어떤 블록을 사용해야 하는지 모두 고르시오.

① 펜 색깔 ▾ 을(를) 50 (으)로 정하기

② 펜 색깔 ▾ 을(를) 10 만큼 바꾸기

③ 펜 색깔을 ◯ (으)로 정하기

④ 모두 지우기

해설   2번은 도형의 각 선분 색깔이 바뀐다.

9. 다음 결합 블록에 대한 설명이 바르지 않은 것은 무엇인가?

① 별을 10개 그리는 코딩이다.
② 별이 그려지는 위치는 랜덤이다.
③ 별 하나의 크기가 50이다.
④ 별의 색깔이 다양하게 그려진다.

해설   펜의 색깔을 바꾸는 코딩은 되어있지 않다.

10. 아래 코딩대로 그리면 하나의 별을 그리고 다른 위치로 이동할 때 이동선이 계속 그려진다. 이동할 때 이동선이 그려지지 않도록 하기 위해서 [펜 올리기] 블록을 이용하려고 한다.

이 블록의 추가 위치는 어디가 적합한지 위치의 번호를 구하시오.

> 해설 하나의 별을 다 그린 후 이동할 때 [펜 내리기]를 사용해야 한다.

백설공주 애니메이션_ 소리/음악 블록

학습목차

1. 소리와 음악 블록 활용하기
2. 멜로디언 제작하여 연주하기
3. 백설공주 애니메이션 제작하기

학습목표

- 소리 블록을 이용하여 다양한 소리, 다양한 악기 등을 연주할 수 있다.
- 피아노 음을 이용해서 멜로디언을 만들고 키보드 건반으로 노래를 연주할 수 있다.
- [확장 기능 추가]에서 [텍스트 음성 변환(TTS)] 블록을 사용할 수 있다.
- 백설공주 스토리로 재미있는 애니메이션을 제작할 수 있다.

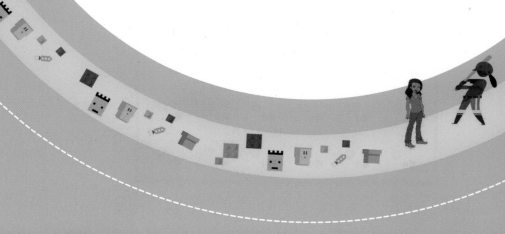

1 ▶ 소리와 음악 블록 활용하기

1) 소리 블록의 종류

소리 블록의 종류	설명
Pop ▼ 재생하기	선택한 소리를 재생한다.
모든 소리 끄기	재생되는 모든 소리를 끈다.
음량을 -10 만큼 바꾸기	소리의 크기를 상대적으로 크게 또는 작게 바꾼다.
음량을 100 %로 정하기	소리의 크기를 퍼센트(%)로 정한다.
음 높이 ▼ 효과를 10 로 정하기	음의 효과를 일정 수준으로 정하기
음 높이 ▼ 효과를 10 만큼 바꾸기	음의 효과를 일정 수준만큼 바꾸기
소리 효과 지우기	적용된 소리 효과를 모두 지운다.

2) [소리 고르기]에서 소리 선택하기

- [소리 고르기]에서 다양한 소리들을 사용할 수 있다.

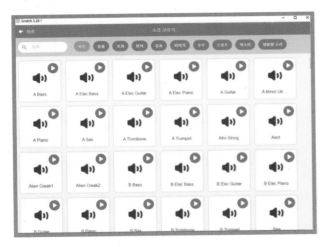

• 소리를 선택하면 소리 목록에 해당 소리가 자동으로 입력된다.

3) 음악 블록의 종류

음악 블록은 [확장 기능 추가]에서 추가할 수 있다.

음악 블록의 종류	설명
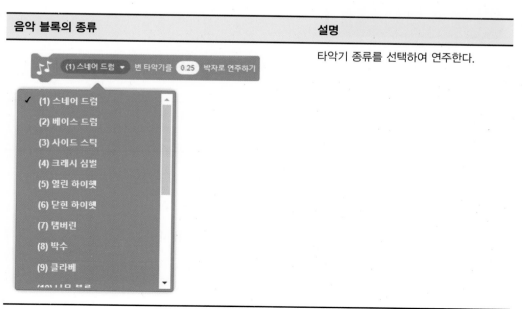	타악기 종류를 선택하여 연주한다.

음악 블록의 종류	설명
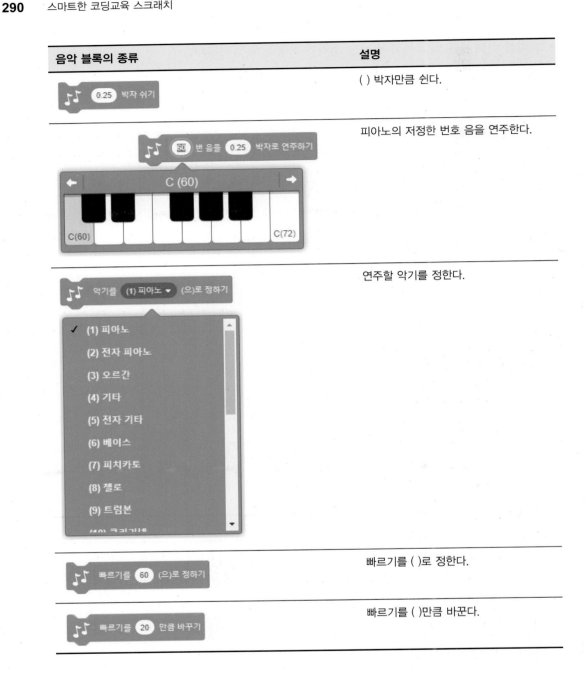	( ) 박자만큼 쉰다.
	피아노의 저정한 번호 음을 연주한다.
	연주할 악기를 정한다.
	빠르기를 ( )로 정한다.
	빠르기를 ( )만큼 바꾼다.

4) 텍스트 음성 변환(TTS) 블록

[확장 기능 추가]에서 [텍스트 음성 변환(TTS)] 블록을 사용하면 텍스트를 음성으로 말해
준다.

음성의 높고 낮음을 정할 수 있다.

말하는 언어를 바꿀 수 있다.

Text to Speech

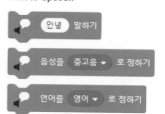

"안녕"이라고 입력하면 스피커로 말이 나온다.

말하는 언어를 정할 수 있다.

2 멜로디언 제작하여 연주하기

1) 볼륨 조절 가능한 멜로디언 스토리보드

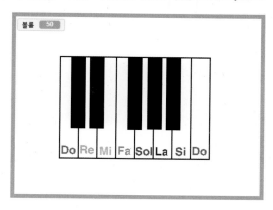

- 이미지 에디터 [모양]에서 비트맵 모드로 피아노 하얀 건반과 검은 건반을 각각 그린다.

- 하얀 건반과 검은 건반 각각에 맞는 피아노 음을 선택해 준다.

- 건반을 누르는 모습이 보이도록 하나의 건반 스프라이트에 색깔이 다른 모양 두 개를 만든다.

- 건반의 이름을 각각 입력한다.

- 사용자가 볼륨을 조절할 수 있게 코딩한다.

2) '도' 건반 스프라이트 제작하기

- [모양]에서 사각형 도구로 선만 선택한 후 하얀 건반을 그린다.

- 건반 각각에 계명을 입력한다.

- 모양을 복사해서 색상을 바꾼다.

    (건반을 클릭했을 때 색상을 변하게 하기 위함이다.)

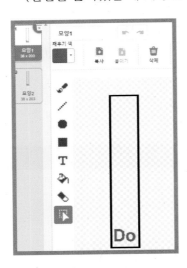 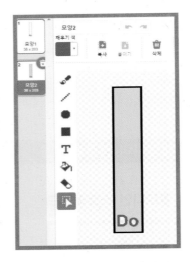

3) '도' 소리 내기

📝 [볼륨] 변수 만들기

[변수]에서 '볼륨' 변수를 만들어 볼륨을 조절할 수 있게 한다.

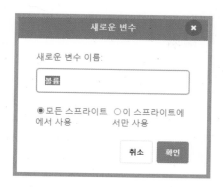

['a' 키를 눌렀을 때] 아래 블록들을 실행한다.

[볼륨] 변수를 만들어 소리를 조절한다.

'a' 키가 눌리면 건반 색상 바꾸기(모양2로 바꾸기)

'도' 음(60번)을 연주한다.

다시 원래 모양(모양1)으로 돌아오기

☑ 건반 위치 초기화

실행창에서 마우스로 드래그하면 스프라이트들이 이동할 수 있으므로 프로젝트가 시작될 때 스프라이트가 원래 위치에 있도록 초기값을 준다.

4) 나머지 계명 하얀 건반 만들기

(1) '도' 건반 복제하기

- '도' 건반 스프라이트를 복사(스크립트도 함께 복사됨)한 후 [모양]에서 각각 계명을 입력한다.

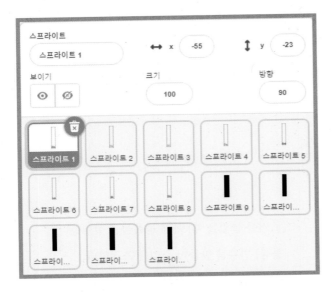

- 복사한 스프라이트를 [무대] 위에서 피아노 건반 모양에 맞게 나란히 나열해 준다. 나열한 후 정렬이 끝나면 각 위치값을 초기값으로 사용한다.

- 키보드 키와 각 건반에 맞는 음 번호만 바꿔주면 된다.

  도 − 60, 레 − 62, 미 − 64, 파 − 65, 솔 − 67, 라 − 69, 시 − 71, 도 − 72

- 키보드 키는 피아노를 치기 쉽도록 손가락이 자연스럽게 올라가는 자리 키를 사용한다.

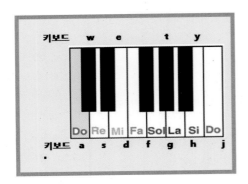

(2) 하얀 건반 스크립트 모두 보기

1 [도] 60

(a) 키와 60번 선택

2 [레] 62

(s) 키와 62번 선택

3 [미] 64

(d) 키와 64번 선택

4 [파] 65

(f) 키와 65번 선택

5 [솔] 67

(g) 키와 67번 선택

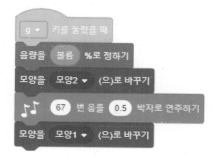

6 [라] 69

(h) 키와 69번 선택

7 [시] 71

(j) 키와 71번 선택

8 [도] 72

(k) 키와 72번 선택

5) 검은 건반 스프라이트 제작하기

- [모양]에서 검은 건반을 그린다.
- [모양]에서 검은 건반을 복사한 후 색상을 바꾼다.

  (건반을 클릭했을 때 색상을 변하게 한다.)

 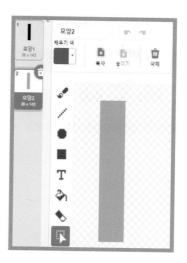

• 검은 건반 스프라이트를 복사한 후 아래와 같이 피아노의 제 위치에 나열한다.

6) 검은 건반 소리 내기

• 검은 건반 스프라이트를 선택한 후 반음 처리한 음으로 선택한다.

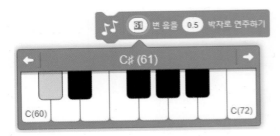

1 [C#] 61번

(w) 키와 61번 선택

2 [Eb] 63번

(e) 키와 63번 선택

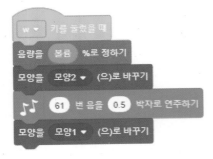

3 [F#] 66번

(t) 키와 66번 선택

4 [G#] 68번

(y) 키와 68번 선택

5 [Bb] 70번 선택

(u) 키와 70번 선택

7) 볼륨 조절하기

볼륨 코딩은 정해진 스프라이트가 없어 어느 스프라이트건 배경이건 아무 곳이나 코딩을 해도 된다.

- [볼륨] 변수 초기값은 50으로 정한다.

- 아래 방향키를 누르면 볼륨을 1씩 감소시키고 위 방향키를 누르면 볼륨을 1씩 증가시킨다.
- 만일 볼륨이 0보다 작게 되면 다시 0으로 정한다. (볼륨이 0에서 더 내려가지 않도록 한다.)

- 만일 볼륨이 100보다 크게 되면 다시 볼륨을 100으로 정한다. (볼륨이 100 이상 오르지 않도록 한다.)

3 백설공주 애니메이션 제작하기

1) 스프라이트 추가

- 백설공주 등장인물(공주, 왕자, 마녀, 일곱 난쟁이) 및 소품 스프라이트를 스프라이트 업로드하기]에서 추가한다. (이미지는 교재에서 제공하는 웹하드에서 다운로드 받을 수 있다.)
- Apple, 거울은 [저장소]에서 추가한다.

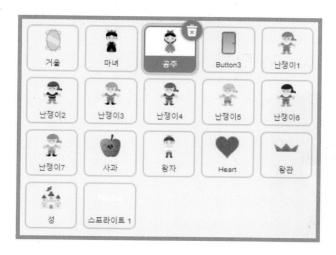

2) 배경 추가

- 장면마다 필요한 배경을 [배경고르기]에서 추가한다.

  Castle3, Castle4, tree 배경 등을 [저장소]에서 선택한다.

  나머지 배경은 [배경 업로드하기]에서 추가한다.

3) 백설공주 스토리보드

백설공주 스토리는 전 세계 명작 동화 중의 하나이다. 그 스토리를 간략화시키고 왕자가 신부를 찾기 위해 거울에게 물어보는 해프닝을 첨삭하여 애니메이션을 제작하였다.

동화 애니메이션을 만들 때에 제일 중요한 것은 스크래치에서 제작 가능한 방법과 스토리를 잘 매칭시킬 수 있도록 스토리를 간략화시키는 작업이다.

스토리를 너무 어렵고 복잡하게 만들면 장면들이 너무 많아 코딩 작업에 너무 오랜 시간이 걸리기 때문이다.

백설공주 애니메이션은 지금까지의 내용을 복습하고 스토리를 완성한다는 데 큰 의미가 있다.

▌1화 : 마녀와 거울

마녀가 거울에게 누가 제일 예쁜지 묻는다.

▋2화 : 마녀의 독사과 계획

백설공주를 죽이기 위해 마녀가 독 사과를 투하하기로 결심한다.

▋3화 : 난쟁이 등장

백설공주는 난쟁이들과 함께 생활하고 있다.

▋4화 : 독 사과 투하

마녀가 독사과를 투하하고 백설공주는 독사과를 먹고 쓰러진다.

▌5화 : 왕자 등장

이웃나라 왕자가 결혼할 상대를 찾기 위해 거울에게 누가 제일 예쁜지를 묻고 백설공주를
찾아 나선다.

▌6화 : 공주와의 해피엔딩

왕자의 입맞춤으로 백설공주는 살아나고 왕자와 공주는 행복하게 살았다.

4) 장면 스크립트 작성

백설공주 애니메이션은 총 6화로 구성했지만 각 장면 안에 여러 장면들이 들어있다.

장면과 장면이 바뀌는 방법은 [( ) 신호 보내기], [( ) 신호를 받았을 때] 블록을 사용한다.

장면마다 등장하는 인물이 다르므로 그때그때 [보이기], [숨기기] 블록을 잘 사용해야 한다.

애니메이션의 특징은 게임과는 다르게 반복문보다는 순차문 위주로 진행된다. 게임은 반
복적인 키 누름이나 클릭, 반복적인 조건 체크 등이 주요 요소이지만 애니메이션은 스토
리가 하나씩 진행되므로 주로 순차문 방식으로 코딩한다.

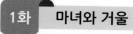 

마녀가 거울을 보고 이 세상에서 누가 제일 예쁜지 묻는다.

거울에 질문을 한 후 자신은 사라지고 [(공주비추기) 신호 보내기] 블록으로 거울을 호출한다.

거울은 백설공주라고 답한다.

1 등장 스프라이트 : 마녀, 거울, 공주

2 마녀가 거울에게 누가 제일 예쁜지 묻기

마녀 스프라이트를 선택한다.

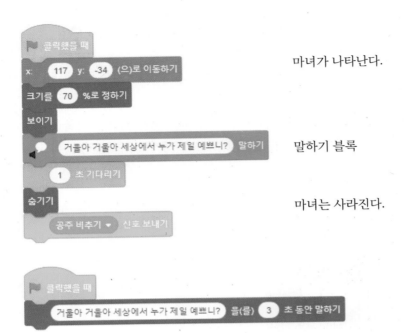

마녀가 나타난다.

말하기 블록

마녀는 사라진다.

3 거울이 점점 커지면서 나타나기

거울 스프라이트를 선택한다.

역동적인 동작을 가미하기 위해 거울을 클로즈업 시키기 위해 [(공주 비추기) 신호를 받았을 때] 이벤트 블록을 이용한다.

거울에 공주를 비추기 위해 [(공주 나오라 오버) 신호 보내기] 블록을 이용한다.

4 공주 비추기

- 공주 스프라이트를 선택한다.

- [(공주 나와라 오버) 신호 보내기]를 받고 거울에 공주를 등장시킨다.

- [(공주 나와라 오버) 신호를 받았을 때]

[보이기]로 공주 등장

공주를 3번에 걸쳐 20씩 클로즈업시키기 위해
[반복문] 사용

(공주가 점점 크게 나타나는 효과)

"백설공주가 세상에서 제일 예뻐요" 말하기

(1화 퇴장) 신호를 보낸다.

- [(1화 퇴장) 신호 보내기]로 1화는 종료되고, 2화를 호출한다.
- [(1화 퇴장) 신호를 받았을 때]

공주 [숨기기]

2화 **마녀의 독사과 계획**

마녀

마녀가 공주에게 독사과를 먹이겠다고 독백을 한다.

1 '마녀' 스프라이트를 선택한다.

- [(1화 퇴장) 신호를 받았을 때]

  배경이 Castle4(배경2)로 바뀌고 마녀가 나타나 공주에게 독사과를 먹이겠다고 생각한다.

- [(2화 퇴장] 신호 보내기]로 3화 호출

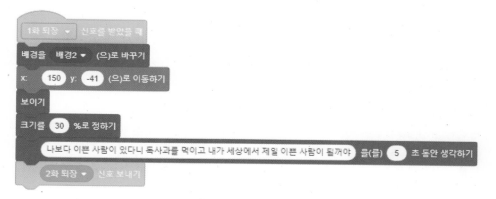

3화 난쟁이 등장

공주와 난쟁이가 등장한다.

배경이 winter-lights(배경3)로 바뀐다.

난쟁이들이 일터로 일을 나간다.

재미를 더하기 위해 난쟁이들이 차례대로 굽이진 길을 따라 걷는 동작이 나온다.

색깔별로 다른 난쟁이들을 하나씩 클로즈업시킨다.

1 공주가 난쟁이들을 배웅한다.

'공주' 스프라이트를 선택한다.

[(2화 퇴장) 받았을 때] 블록으로 3화가 시작된다.

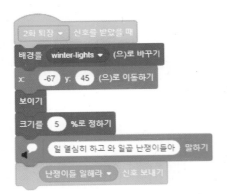

공주 보이기

3화가 시작되면서 공주가 난쟁이들에게 일 열심히 하고 오라고 말을 한다.

[(난쟁이들 일해라) 신호 보내기]로 난쟁이 호출

2 난쟁이들이 굽이진 길을 걸어나간다.

'난장이1' 스프라이트를 선택한다.

난쟁이 1 스크립트를 완성한 후 나머지 난장이들은 코딩을 복사해서 사용한다.

스크립트를 복사한 후 난쟁이가 나오는 순서를 정확하게 하기 위해 [(~ 번째) 물러나기], [(~초) 기다리기] 등의 순서만 바꿔준다.

난쟁이들의 움직이는 좌표는 같은 길을 같은 방식으로 걷기 때문에 모두 같다.

다만 두 번째 난쟁이는 1초, 세 번째 난쟁이는 2초, 네 번째 난쟁이는 3초, 다섯 번째 난쟁이는 4초, 여섯 번째 난쟁이는 5초, 일곱 번째 난쟁이는 6초 기다렸다 나타나야 한다.

▌난쟁이 1

난장이1 스프라이트를 선택한다.

[(난쟁이들 일해라) 신호를 받았을 때]

난쟁이들이 일터로 움직인다.

필요한 장면에서만 나타나야 하므로 애니메이션이 시작되면 처음엔 모습을 숨겨야 한다.

[(난쟁이들 일해라) 신호를 받았을 때] 이벤트 시작

7명의 난쟁이들이 순서대로 나타나야 한다.

굽이진 길을 왔다 갔다 해야 해서 매번 좌표값이 달라 순차문으로 진행한다.

이 부분이 정확성을 요하는 작업이다.

난쟁이들이 겹쳐져서 나타나게 되므로 나타나는 순서를 유지하기 위해서 [맨 앞으로 순서 바꾸기] 사용

난쟁이 사라진다.

▌난쟁이 2

난쟁이2 스프라이트를 선택한다.

난쟁이2

애니메이션 처음엔 나타나지 않아야 한다.

[(난쟁이들 일해라) 신호를 받았을 때] 이벤트 시작

두 번째 난쟁이라 1초 기다리다 나타난다.

두 번째로 물러난다.

먼저 나온 난쟁이가 항상 앞쪽에 있어야 한다.

맨 앞까지 오면 크기가 80%로 커졌다가

사라진다.

▍난쟁이 3

난쟁이3 스프라이트를 선택한다.

애니메이션 처음엔 나타나지 않아야 한다.

세 번째 난쟁이라 2초 기다리다
나타난다.

3번째로 물러난다.

맨 앞까지 오면 크기가 80%로 커졌다가

사라진다.

▌난쟁이 4

난쟁이4 스프라이트를 선택한다.

애니메이션 처음엔 나타나지 않아야 한다.

네 번째 난쟁이라 3초 기다리다 나타난다.

4번째로 물러난다.

맨 앞까지 오면 크기가 80%로 커졌다가

사라진다.

▌난쟁이 5

난쟁이5 스프라이트를 선택한다.

 애니메이션 처음엔 나타나지 않아야 한다.

다섯 번째 난쟁이라 4초 기다리다 나타난다.

다섯 번째로 물러난다.

맨 앞까지 오면 크기가 80%로 커졌다가

사라진다.

▌ 난쟁이 6

난쟁이6 스프라이트를 선택한다.

   애니메이션 처음엔 나타나지 않아야 한다.

여섯 번째 난쟁이라 5초 기다리다 나타난다.

여섯 번째로 물러난다.

맨 앞까지 오면 크기가 80%로 커졌다가

사라진다.

▌ 난쟁이 7

난쟁이7 스프라이트를 선택한다.

애니메이션 처음엔 나타나지 않아야 한다.

숨기기

난쟁이들 일해라 ▾ 신호를 받았을 때

뒤로 ▾ 7 단계 보내기

크기를 5 %로 정하기

x: -91 y: 38 (으)로 이동하기

6 초 기다리기

보이기

일곱 번째 난쟁이라 6초 기다리다 나타난다.

3 초 동안 x: 43 y: 24 (으)로 이동하기

크기를 15 %로 정하기

2 초 동안 x: -23 y: 25 (으)로 이동하기

크기를 30 %로 정하기

2 초 동안 x: 53 y: 0 (으)로 이동하기

크기를 50 %로 정하기

1 초 동안 x: 3 y: -30 (으)로 이동하기

크기를 80 %로 정하기

0.5 초 기다리기

숨기기

3화 퇴장 ▾ 신호 보내기

마지막 난쟁이이기 때문에 [(3화 퇴장) 신호 보내기]를 이용하여 '4화'를 호출한다.

4화 **독 사과 투하**

[(3화 퇴장)신호를 받았을 때] 4화가 시작된다.

마녀가 독 사과를 떨어뜨리고

공주가 나타나 독 사과를 먹고 쓰러진다.

1) 마녀가 독 사과를 떨어뜨린다.

마녀 스프라이트를 선택한다.

[(3화 퇴장) 신호를 받았을 때] 이벤트 블록으로 배경이 tree(배경4)로 바뀐다.

마녀 나타나기

[(독 사과 떨굼) 신호 보내기]

독 사과를 떨구고 자신은 사라진다.

2) [(독 사과 떨굼) 신호 보내기]를 받았을 때 독 사과가 나타난다.

'사과' 스프라이트를 선택한다.

애니메이션 처음엔 나타나지 않아야 한다.

[(독 사과 떨굼) 신호 보내기]를 받았을 때 이벤트 실행

독 사과가 나타난다.

'툭' 소리를 보여준다.

3) 공주가 나타나 독 사과를 먹는다

'백설공주' 스프라이트를 선택한다.

[(독 사과 떨굼) 신호를 받았을 때] 공주가 나타나 독 사과를 먹는다.

독 사과가 먼저 나타나야 하므로 공주는 3초 후 등장한다.

사과를 먹은 후 [(사과 먹음) 신호 보내기]로 이벤트를 발생시킨 후

백설공주는 쓰러지면서

[(백설공주 중독) 신호 보내기]로 '5화'로 넘어간다.

독사과 떨굼 ▾ 신호를 받았을 때

90 도 방향 보기

크기를 50 %로 정하기

3 초 기다리기

x: 244 y: -55 (으)로 이동하기

보이기

2 초 동안 x: 149 y: -56 (으)로 이동하기

우와 사과가 너무 맛있게 익었네 말하기

맛있겠다 말하기

아삭 아삭 을(를) 2 초 동안 말하기

사과 먹음 ▾ 신호 보내기

윽!!! 을(를) 2 초 동안 말하기

6 번 반복하기

↻ 방향으로 15 도 회전하기

0.1 초 기다리기

숨기기

백설공주 중독 ▾ 신호 보내기

공주가 3초후 나타난다.

사과가 맛있겠다고 말한다.

[(사과 먹음) 신호 보내기]

공주가 쓰러지는 모습을 보여주기 위해 0.1초 간격으로 15도씩 6번 회전하여 쓰러진다.

[(백설공주 중독) 신호 보내기]로 '5화'를 호출한다.

4) 사과 사라지기

사과 스프라이트를 선택한다.

공주가 사과를 먹고 [(사과 먹음) 신호 보내기]를 하면 이를 받아 사과는 사라진다.

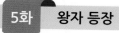 5화 왕자 등장

[(백설공주 중독) 신호를 받았을 때]로 '5화'가 시작된다.

왕자가 나타나 세상에서 제일 예쁜 신부를 찾기 위해 거울에게 물어본다.

거울의 대답을 듣고 백성공주를 살리러 간다.

배경이 공주가 누워있는 배경으로 바뀌고 왕자가 등장한다.

왕자가 공주에게 입맞춤하여 공주를 살린다.

1) 왕자 나타나 거울에 묻기

'왕자' 스프라이트를 선택한다.

  애니메이션 처음엔 나타나지 않아야 한다.

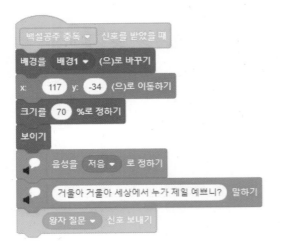

[(백설공주 중독) 신호를 받았을 때]

배경을 '배경1'로 바꾼다.

남자의 목소리를 표현하기 위해 음성을 저음
으로 정한다.

[(왕자 질문) 신호 보내기]

2) 거울이 답한다.

거울이 왕자의 질문에 답을 한다.

답변이 끝난 후 [(백설공주 살리러 간다) 신호 보내기]를 한다.

'거울' 스프라이트를 선택한다.

▌[(왕자 질문) 신호를 받았을 때]

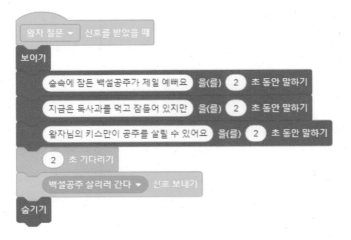

거울이 나타난다.

거울이 답한다.

[(백설공주 살리러 간다) 신호
보내기] 후

거울이 사라진다.

3) 왕자가 공주를 구하러 간다.

왕자 스프라이트를 선택한다.

배경이 flower bed(배경5)로 바뀐다.

배경이 flower bed(배경5)로 바뀐다.

배경이 바뀐 후 왕자는 숨겨져 있다가

오른쪽에서 움직이면서

2초 동안 나타난다.

[(공주와입맞춤) 신호 보내기] 한다.

4) 공주가 누워있다.

'공주' 스프라이트를 선택한다.

[(백설공주 살리러 간다)를 받았을 때]

공주가 나타나 누워있다.

5) 왕자와 공주의 입맞춤

'Heart' 스프라이트를 선택한다.

왕자와 공주의 입맞춤을 'Heart'가 나타나는 것으로 표현한다.

[(공주와입맞춤) 신호를 받았을 때]

'Heart' 나타나기

하트의 모양이 커졌다 작아지도록 4번 반복한다.

'Heart' 사라지기

[(백설공주 깨어나다) 신호 보내기]

6화 공주와의 해피엔딩

왕자의 입맞춤으로 깨어난 공주는 결혼을 승낙한다.

왕관이 하늘에서 내려와 공주에게 씌어진다.

왕자와 공주는 궁전에서 행복하게 살았다.

1) 왕자가 "결혼해주시오" 말하기

'왕자' 스프라이트를 선택한다.

[(백설공주 깨어나다) 신호를 받았을 때]

왕자 나타나기

"나와 결혼해주시오 공주" 말하기

2) 공주 깨어나 결혼 승낙

'공주' 스프라이트를 선택한다.

▌[(백설공주 깨어나다) 신호를 받았을 때]

공주 나타나기

"좋아요 왕자님" 말하기

[(왕관) 신호 보내기]

3) 왕관 나타나기

'왕관' 스프라이트를 선택한다.

▌[(왕관) 신호를 받았을 때]

왕관 나타나기

2초에 걸쳐서 공주 머리로 이동하기

[(결혼) 신호 보내기]

4) 왕관이 씌어진 후 "Heart" 나타나기

'Heart' 스프라이트를 선택한다.

▌[(결혼) 신호를 받았을 때]

하트 나타나기

크기가 반복적으로 변한다.

[(궁전으로) 신호 보내기]

5) 궁전에서 하트 퍼레이드하기

'Heart' 스프라이트를 선택한다.

▌[(궁전으로) 신호를 받았을 때]

하트 나타나기

하트 점점 커지기

하트 사라지기

[(The End) 신호 보내기]

6) The End

애니메이션의 마지막 장면이다.

(1) 배경 바꾸기

배경을 바꾸는 블록은 아무 곳에나 코딩을 해도 상관없다.

▌[(궁전으로) 신호를 받았을 때]

 배경을 '배경4'로 바꾸기 (검은색 배경)

(2) 궁전 나타나기

▌[(궁전으로) 신호를 받았을 때]

 궁전 나타나기

(3) The End 나타나기

'The End' 스프라이트는 [모양]에서 직접 글씨를 써서 만든다.

애니메이션 처음에는 나타나지 않는다.

▌[(The End) 신호를 받았을 때]

"The End" 나타나기

모든 애니메이션 종료하기

7) 무대 스크립트

스프라이트와 무관하게 배경이 바뀌어야 하는 경우이므로 '무대'에 스크립트를 작성한다.

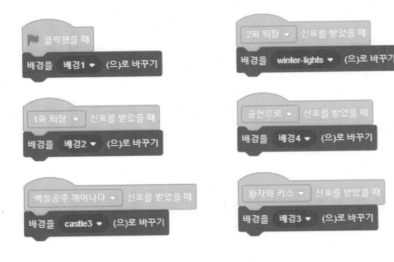

학습
정리

멜로디언 건반음 내기

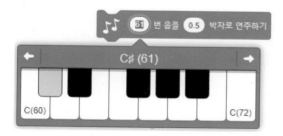

소리 재생하기

텍스트 음성 변환(TTS) 블록

Text to Speech

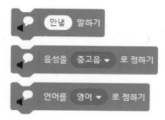

1. 아래 스크립트 블록에 대한 설명이 틀린 것은 무엇인가?

① 위쪽 화살표 키를 눌러 볼륨을 증가시킨다.
② 볼륨이 100 이상 올라가지 못하도록 한다.
③ 볼륨을 고정시켜 연주한다.
④ 위쪽 화살표 키를 한 번 누를 때마다 볼륨이 1씩 커진다.

2. ['The End'를 받았을 때]에 "The End"가 나타나게 하기 위한 스크립트이다. 빈칸에 들어갈 스크립트 블록은 무엇인가?

3. 다음 중 소리/음악 블록에 대한 설명이 바르게 된 것은 무엇인가?

① 소리 블록은 확장 기능 추가에서 사용할 수 있다.

② 소리 블록으로 음계가 있는 멜로디언을 만들 수 있다.

③ 소리 블록은 소리의 빠르기를 정할 수 있다.

④ 소리 블록은 음높이를 정할 수 있다.

4. 음악 블록에 대한 설명이 바르지 않은 것은 무엇인가?

① 음악 블록은 확장 기능 추가에서 사용할 수 있다.

② 음악 블록은 소리의 빠르기를 정할 수 있다.

③ 음악 블록으로 타악기를 연주할 수 있다.

④ 음악 블록으로 음량을 조절할 수 있다.

> **해설** 음량을 조절할 때는 소리 블록을 사용한다.

5. 아래 결합 블록에서 볼륨이 100 이상 오르지 않도록 하기 위해 빈칸 안에 들어갈 수 있는 블록은 무엇인가?

① 볼륨 > 100

② 볼륨 < 100

③ 음량 > 100

④ 음량 < 100

6. 아래 멜로디언을 만들기 위한 결합 블록에 대한 설명이 바르지 않은 것은 무엇인가?

① 키보드 'd' 키를 눌렀을 때만 실행된다.
② 음량을 변경시킬 수 있도록 하였다.
③ 'd' 키를 누르면 스프라이트 모양이 변경된다.
④ '도' 음이 연주된다.

> 해설 음악 블록에서 '도' 음은 60번이다.

7. 다음 블록의 의미가 다른 것은 무엇인가?

① 배경이 바뀐다.
② 스프라이트가 왼쪽에서 오른쪽으로 2초 동안 움직이며 나타난다.
③ 스프라이트는 처음에는 숨겨져 있다.
④ 스프라이트는 배경이 바뀐 후 나타난다.

8. 아래 결합 블록은 아래쪽 화살표 키를 눌렀을 때 볼륨이 1씩 줄어들도록 코딩한 것이다. 빈칸에 들어갈 알맞은 블록은 무엇인가?

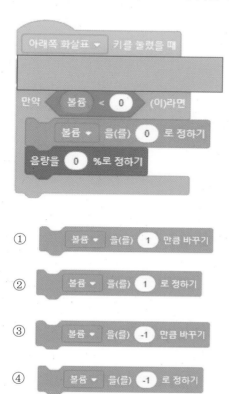

① 볼륨 ▼ 을(를) 1 만큼 바꾸기

② 볼륨 ▼ 을(를) 1 로 정하기

③ 볼륨 ▼ 을(를) -1 만큼 바꾸기

④ 볼륨 ▼ 을(를) -1 로 정하기

찾아보기